AF107413

www.ingramcontent.com/pod-product-compliance
Lightning Source LLC
LaVergne TN
LVHW010400070526
838199LV00065B/5871
9789358725247

ہندوستان:
تاریخ و ثقافت

(حصہ دوم)
(تعمیر نیوز ویب پورٹل کے منتخب مضامین)

مرتبہ:
مکرم نیاز

© Taemeer Publications LLC

Hindustan - Taariikh o Saqaafat - *Part-2*

by: Mukarram Niyaz

Edition: October '2024

Publisher :

Taemeer Publications LLC (Michigan, USA / Hyderabad, India)

ISBN 978-93-5872-524-7

مرتب یا ناشر کی پیشگی اجازت کے بغیر اس کتاب کا کوئی بھی حصہ کسی بھی شکل میں بشمول ویب سائٹ پر اَپ لوڈنگ کے لیے استعمال نہ کیا جائے۔ نیز اس کتاب پر کسی بھی قسم کے تنازع کو نمٹانے کا اختیار صرف حیدرآباد (تلنگانہ) کی عدلیہ کو ہو گا۔

© تعمیر پبلی کیشنز

کتاب	:	**ہندوستان: تاریخ و ثقافت** (حصہ دوم)
مرتب	:	**مکرم نیاز**
بہ تعاون	:	تعمیر نیوز ویب پورٹل
صنف	:	تحقیق
ناشر	:	تعمیر پبلی کیشنز (حیدرآباد، انڈیا)
سالِ اشاعت	:	۲۰۲۴ء
صفحات	:	۱۰۶
سرورق ڈیزائن	:	تعمیر ویب ڈیزائن

فہرست

(۱)	خدا بخش اورینٹل پبلک لائبریری پٹنہ	8
(۲)	مولانا آزاد کی ادبی سیاسی اور صحافتی خدمات	18
(۳)	جواہر لعل نہرو: ایک عہد ساز شخصیت	26
(۴)	سیتا: ہندو دیومالا کا ممتاز و مقدس کردار	30
(۵)	ہندوستانی موسیقی: سلطان حسین شرقی اور استاد نعمت خاں سدا رنگ	39
(۶)	ہندوستانی فلموں کی زبان	46
(۷)	بسنت تہوار اور پتنگ بازی	55
(۸)	شکیلہ بانو بھوپالی: اولین صاحب دیوان خاتون قوال	61
(۹)	وودھ بھارتی: تاریخ کے کچھ اوراق	68
(۱۰)	گورو نانک دیوجی مہاراج کی تعلیمات	81
(۱۱)	سروجنی نائیڈو: ریاست حیدرآباد کا ایک دمکتا ستارہ	87
(۱۲)	مغل سلطنت کا عروج و زوال: ہندوستانی ثقافت پر مغلوں کے اثرات	90
(۱۳)	صوبہ مہاراشٹر کے قدیم مدارس	97
(۱۴)	کاشی کی خصوصیات زمانۂ قدیم میں	102

یہ ہے میرا ہندوستان، میرے سپنوں کا جہان

مکرم نیاز

آج کا قاری اطلاعاتی و مواصلاتی ٹیکنالوجی کے ایسے عہدِ زریں میں جی رہا ہے جہاں انگلی کی چھوٹی سی حرکت پر انٹرنیٹ کے کسی سرچ انجن کے سہارے مطلوبہ مواد اپنے مطالعے یا اضافۂ معلومات کی خاطر حاصل کیا جاسکتا ہے۔ مگر ظاہر ہے کہ سائبر دنیا کو علمی و ادبی ذخیرے کا منبع بنانے کے لیے ہر زندہ زبان کے محبان کو اپنی ذمہ داری نبھانی ضروری ہے۔ لہذا راقم الحروف نے ۱۵/دسمبر ۲۰۱۲ کو 'تعمیر نیوز' کا آغاز بطور نیوز پورٹل کیا تھا جسے جنوری ۲۰۱۸ء سے ایک علمی، ادبی، سماجی اور ثقافتی پورٹل میں تبدیل کیا گیا۔ تبدیلی کی بنیادی فکر یہی رہی کہ اردوداں قارئین کے ذوقِ مطالعہ میں اضافہ کی خاطر انہیں صرف خبروں تک محدود رکھنے کے بجائے اردو زبان و ادب کے اس علمی ذخیرے سے مستفید کیا جائے جس کی سائبر دنیا میں آج بھی کمی محسوس کی جاتی ہے۔ گیارہ (۱۱) سالہ طویل سفر کے دوران 'تعمیر نیوز' نے علمی و ادبی مواد کے انتخاب، معیار کی برقراری اور نوجوان قلمکاروں کی تحریروں کی تدوین، اشاعت اور ان کی حوصلہ افزائی کے لیے اپنا فریضہ نبھانے میں کوئی کوتاہی نہیں برتی ہے۔

انٹرنیٹ اور ویب سائٹس کی افادیت کے باوجود اس بات کا انکار نہیں کیا جاسکتا کہ کاغذی کتاب اور کتب خانے کی اہمیت ہر دور میں رہی ہے اور رہے گی بھی۔ یہی سبب ہے کہ ادارہ تعمیر نیوز کی جانب سے آن لائن پورٹل پر شائع شدہ منتخب تحریروں کو کتابی شکل میں طبع کرنے اور قومی و بین الاقوامی کتب خانوں میں ان کتب کو شامل کروانے کا منصوبہ بنایا گیا ہے تاکہ عہدِ قدیم و حاضر

کے قلمکاروں، رجحانات و موضوعات کو کاغذی صورت میں بھی محفوظ کیا جاسکے۔ اسی سلسلے میں مفید و معلوماتی کتابوں کی اشاعت عمل میں لائی جارہی ہے۔

جیسے جیسے انسان تیزی سے مستقبل کی جانب بھاگ رہا ہے وہ ماضی کو بھی چھوڑتا چلا جارہا ہے۔ نئی تاریخیں رقم ہورہی ہیں اور تہذیب و ثقافت کا اس قدامت سے رشتہ منقطع ہورہا ہے کہ جس سے کسی بھی ملک و قوم کے ابتدائی سفر کا پتہ ملتا ہے۔ ایسے میں کتاب ہی انسان کی ایسی دوست ثابت ہوتی ہے جو اپنے قاری کو ماضی میں لے جاکر اسے اپنے ملک و قوم کی تہذیب، تاریخ و ثقافت سے روشناس کراتی ہے۔ تہذیب، تمدن اور ثقافت کا تعلق انفرادی نہیں بلکہ اجتماعی ہے اور ہندوستان چونکہ ابتدا سے ہی مشترک کہ تہذیب و تمدن کا سماج رہا ہے لہذا ازبانوں کے علاوہ معاشرت، رسم و رواج اور معیشت جیسے معاملات میں ہندوؤں، مسلمانوں اور دیگر مذاہب کے متبعین نے ایک دوسرے سے کافی اثرات قبول کیے ہیں۔ قوی امکان ہے کہ ہندوستانی تاریخ کے اس سفر کا مطالعہ قاری کو ہندوستانی زندگی کے مختلف شعبوں جیسے معاشرت، سیاست، جغرافیہ، آرٹ، موسیقی، ادب، فلسفہ، مذہب، سائنس وغیرہ سے آگاہ کرے گا۔

وطن عزیز ہندوستان کی تاریخ، تہذیب و ثقافت کے موضوع پر زیر نظر دوسری کتاب "ہندوستان: تاریخ و ثقافت (حصہ دوم)" میں جملہ ۱۴ منتخب مضامین شامل ہیں جو اپنی ایک خاص اہمیت کے حامل ہیں۔ امید ہے کہ اس کاوش کا علمی و ادبی حلقوں میں استقبال کیا جائے گا۔

مکرم نیاز

۳۰/اکتوبر ۲۰۲۴ء

حیدرآباد (تلنگانہ، انڈیا)

خدابخش اورینٹل پبلک لائبریری پٹنہ

حقانی القاسمی

کتاب کلچر کے زوال کے اس صنعتی عہد میں کتب خانہ اور خاص طور پر خدابخش لائبریری کا ذکر اس لئے بھی ضروری ہے کہ انہی کتب خانوں نے مطالعہ کے ذوق جذبہ اور جنون کو زندہ رکھا ہے۔ ورنہ کتاب اور قاری کے درمیان فاصلہ نہ صرف بڑھ رہا ہے بلکہ اس ڈجیٹل ایج (Digital Age) میں کتابوں کی معنویت مجروح ہوتی جارہی ہے۔ انٹرنیٹ، ای میڈیا اور ای بکس کی وجہ سے مطبوعہ مواد سے آنکھوں کا رشتہ کم ہوتا جارہا ہے، جو کہ مہذب دنیا کے لئے نہایت تشویش ناک اور خطرے کی بات ہے۔ اس کی وجہ سے ذہن کی سطح پر زوال کے آثار نمایاں ہونے لگے ہیں اور ذہنی ارتقاء کی راہیں مسدود ہوتی جارہی ہیں۔ جبکہ کتابوں کے مطالعہ سے نہ صرف نفسیاتی طور پر انسان صحت مند رہتا ہے بلکہ جسمانی طور پر بھی اس کے فوائد کسی سے مخفی نہیں۔

مطالعہ کے ذوق کا انحطاط گمبھیر صورتحال کو جنم دے سکتا ہے، اس زوال کے عروج کو روکنے کے لئے لفظوں سے اپنا رشتہ جوڑنا ہی پڑے گا کہ یہی الفاظ ذہن اور ضمیر کو روشنی عطا کرتے ہیں اور لفظوں سے ہی افکار کی نئی دنیا روشن ہوتی ہے اور ذہنی آفاق کو نئی وسعتیں ملتی ہیں۔ یہ بھی سچ ہے کہ الفاظ ہی زندہ رہیں گے اور ان کی زندگی کا بڑا ذریعہ ہمارے کتب خانے ہیں۔

خدابخش لائبریری کی تاسیس میں بھی شائد یہی جذبہ موجزن تھا اور اسی جذبہ کی روشنی نے اسے شہرت، عزت اور آفاقیت عطا کی ہے۔ یہ صرف نادر و نایاب مخطوطات و مطبوعات کا مرکز نہیں بلکہ ہماری تہذیبی اقدار کا مظہر بھی ہے اور تہذیبی شناخت کا ایک اہم حوالہ بھی۔ اس کا شمار صرف ہندوستان کی بڑی لائبریریوں میں نہیں ہوتا بلکہ عالمی سطح پر اسے کچھ امتیازات بھی حاصل ہیں۔

یہی وہ کتب خانہ ہے جہاں تاریخ خاندان تیموریہ کا نادر و نایاب نسخہ ہے جو دنیا کی کسی اور لائبریری یا میوزیم میں نہیں ہے اور یہیں ۱۶۱۱ میں لکھا گیا جہانگیر نامہ ہے جس پر اورنگزیب کے صاحب زادہ کے دستخط ان کی شاہی مہر کے ساتھ ثبت ہیں۔ دیوان ہمایوں کا واحد نسخہ صرف اسی کتب خانہ کی رونق ہے۔ ان کے علاوہ دیوان حافظ کا وہ نسخہ بھی ہے جس کے حاشیہ پر شہنشاہ ہمایوں کی ایک تحریر ہے جس سے اندازہ ہوتا ہے کہ ایران میں قیام کے دوران اسی دیوان سے ہمایوں فال نکالا کرتے تھے۔ "پادشاہ نامہ" کا ایک نسخہ بھی ہے جس پر کنگ جارج پنجم کے دستخط ہیں۔ عہد عباسی کے مشہور خطاط یاقوت مستعصمی کی خطاطی سے مزین قرآن کریم کا نسخہ ہے۔ جس پر ۶۶۷ ہجری مرقوم ہے۔ ہرن کی کھال پر خط کوفی میں تین آیتیں ہیں جو شاید دور صحابہ کی ہیں۔

مصحفی کے آٹھوں دواوین کے واحد نسخے کے علاوہ بعض ممتاز افراد کی اپنے ہاتھ کی لکھی ہوئی کتابیں بھی اس لائبریری کی ثروت میں اضافہ کرتی ہیں۔ داراشکوہ کی تصنیف "سفینۃ الاولیاء اور جامی کی سلسلۃ الذہب بخط مصنف اس لائبریری میں موجود ہیں۔ نادر و نایاب مخطوطات کے اس ذخیرہ میں بہت سی ایسی بیش قیمت کتابیں ہیں جن سے علوم و فنون کی نئ تحقیق میں مدد مل سکتی ہے اور نئے نظریئے سامنے آسکتے ہیں۔ ایسی کتابوں میں الزہراوی کی کتاب التصریف جو کہ جراحت پر ایک مستند کتاب ہے اور کتاب

الحشیش قابل ذکر ہیں۔

عالمی سطح پر خدابخش لائبریری کی عظمت اور معنویت مسلم ہے۔ دنیا کی عظیم ترین لائبریروں میں نیویارک پبلک لائبریری، سینٹ پیٹربرگ کی رشین نیشنل لائبریری، لندن کی برٹش لائبریری، پیرس کی Bibliotheque national de France، میڈرڈ میں نیشنل لائبریری آف اسپین، واشنگٹن میں لائبریری آف کانگریس اور دیگر لائبریریاں ہیں جن میں ہمارے تاریخی وادبی ثقافتی آثار محفوظ ہیں۔

گو کہ دنیا کا ایک بڑا علمی ذخیرہ نذر آتش یا غرق آب کر دیا گیا پھر بھی کتابوں کی ایک بڑی کائنات ہے۔ بغداد، غرناطہ، قسطنطنیہ اور اسکندریہ میں بڑے بڑے کتب خانے رہے ہیں۔ خدابخش لائبریری پٹنہ بھی اسی سلسلے کی ایک کڑی ہے جہاں نادر اور نایاب کتابوں کا اتنا عمدہ اور قیمتی ذخیرہ ہے کہ جو بھی اس لائبریری کی زیارت کے لیے آتا ہے، پرانی کتابوں میں بسی ہوئی خوشبو اسے اس قدر متاثر کرتی ہے کہ وہ مسحور و مدہوش ہو جاتا ہے۔ علوم و معارف کے اتنے اہم ذخیرے کو دیکھ کر لارڈ لٹن، لارڈ ارون، لارڈ منٹو، لارڈ ریڈنگ، سی وی رمن، جی سی بوس جیسی اہم شخصیتوں کا حیرت زدہ ہونا حیرت کی کوئی بات نہیں ہے۔

اس لائبریری میں اتنا قیمتی ذخیرہ ہے کہ برٹش میوزیم نے اس کے عوض غیر معمولی رقم کی پیشکش کی مگر خدابخش کے جذبے نے اس پیشکش کو یکسر مسترد کر دیا۔ انہوں نے صاف کہا کہ:

"مجھ غریب آدمی کو یہ شاہی پیشکش منظور نہیں۔"

یہ لائبریری اتنی اہم ہے کہ ایڈنبرگ کے ممتاز مستشرق V.C.Scott O Connor نے خدابخش لائبریری کو دنیا میں مسلم لٹریچر کا سب سے عمدہ ذخیرہ قرار دیا۔

ان کے الفاظ یہ ہیں:

"The Patna Oriental Public Library is one of the finest collections on Moslim literature in the world".

۱۹۲۵ میں مہاتما گاندھی نے اس لائبریری کو دیکھ کر مسرت کا اظہار کیا تھا اور جواہر لال نہرو نے ۱۹۵۳ میں جب اس لائبریری کا دورہ کیا تو انہیں خوشگوار حیرت ہوئی۔ اسی طرح Lord Mountbatten جو پہلے گورنر جنرل تھے انہوں نے لائبریری کو دیکھ کر نہایت ہی معنی خیز جملہ کہا تھا:

"A unique collection of which this great country may justly be proud".

ٹیگور نے ۲/دسمبر/۱۹۱۳ کو یہ لکھا کہ:

"میں نے خدابخش لائبریری میں روشنی کے سمندر میں کھلے کنول میں چھپے شہد کا ذائقہ محسوس کیا۔"

اس طرح یہ لائبریری نہ صرف اپنی عظمت کے اعتبار سے منفرد ہے اور یہاں نایاب کتابوں کا عمدہ ذخیرہ ہی نہیں بلکہ مغل راجپوت، ترکی اور ایرانی مصوری کے نایاب نمونے بھی ہیں۔ ایسی پینٹنگس اور منی ایچرس ہیں جو ہندو دیوتاؤں کے ہیں اور وہ صرف اسی لائبریری میں ہیں۔ نایاب کتاب تاریخ خاندان تیموریہ میں ۱۳۳اور یجنل تصویریں ہیں جو ایرانی فنکار عبدالصمد کے شاگردوں کی بنائی ہوئی ہیں۔ پادشاہ نامہ میں ۱۲ تصویریں ہیں۔ اس کتب خانے میں قدیم مصوری اور خطاطی کے نمونے یقینی طور پر اس عہد کے اسلوب اور طرز حیات کی نشاندہی کرتے ہیں۔ اس اعتبار سے یہ صرف نمونے ہی نہیں بلکہ اس عہد کے طرز احساس کے عکاس بھی ہیں۔

خدابخش لائبریری میں عربی، فارسی، اردو، ترکی، پشتو، سنسکرت اور ہندی میں تقریباً ۲۱,۱۲۵ مخطوطے ہیں جب کہ مطبوعہ کتابوں کی تعداد تقریباً ۲۵۰,۰۰۰ ہوگی جو

عربی، فارسی، اردو، ہندی، پنجابی، انگلش، فرانسیسی، جرمن، روسی اور جاپانی زبانوں میں ہیں۔ آج اس کتب خانے کا شمار ہندوستان کی اہم لائبریریوں میں ہوتا ہے جب کہ آغاز میں صرف ۱۴۰۰ مخطوطات تھے، جو خدابخش کے والد مولوی محمد بخش نے بڑی محنت سے جمع کی تھیں۔

خدابخش لائبریری دراصل خدابخش خاں کے جذبے اور جنون کا مظہر ہے جنہوں نے اپنے والد کی وصیت کے مطابق ذخیرہ کتب میں توسیع کے لیے مقدور بھر کوشش کی اور ان کی کوشش رنگ لائی۔ انہوں نے کتابوں کو جمع کرنے کے لیے اپنا سارا سرمایہ خرچ کیا اور اس کے لیے باضابطہ ایک شخص کو مامور کیا جس نے مصر، شام، دمشق، بیروت، ایران اور عرب سے قیمتی مخطوطے حاصل کیے۔ اس شخص کا نام محمد مکی تھا۔ خدابخش خاں نے اپنے والد کے خواب میں رنگ بھرنے کے لیے کسی قسم کی دشواریوں کی پرواہ نہیں کی۔ عزم محکم، یقیں پیہم اور وسیع تر وژن نے ان کی مشکل راہوں کو آسان کر دیا۔ خدابخش خان نے اپنا سارا کچھ کتابوں پر خرچ کیا۔ یہاں تک کہ انہیں اپنے علاج کے لیے قرض لینا پڑا اور حکومت بنگال نے قرض کی ادائیگی کے لیے ۸۰۰۰ کی خطیر رقم عطا کی۔ ان کے والد کے خوابوں کا تاج محل خدابخش لائبریری کی شکل میں مرجع خلائق ہے۔ جس کی بنیاد خدابخش کے والد نے کتب خانہ محمدیہ کے نام سے ڈالی تھی۔ ۱۸۸۸ میں خدابخش خاں نے لائبریری کے لیے دومنزلہ عمارت بنوائی جس پر ۸۰،۰۰۰ کی لاگت آئی۔

اس لائبریری کا باضابطہ آغاز ۲۹/اکتوبر/۱۸۹۱ میں سرچارلس ایلیٹ (Sir Charles Elliot) گورنر آف بنگال نے کیا۔ لائبریری کا نام لائبریری کے ٹرسٹی حکومت بنگال کے ٹرسٹ ڈیڈ (Trust Deed) کے مطابق بانکی پور اورینٹل لائبریری

رکھا گیا۔ ۲۶/ دسمبر ۱۹۶۹ میں حکومت ہند نے ایکٹ آف پارلیمنٹ کے تحت اسے قومی اہمیت کا ادارہ تسلیم کیا اور اس کے انتظام وانصرام اور ترقی و توسیع کے لیے فنڈ فراہمی کی ذمہ داری بھی لی۔

خدابخش لائبریری اب تحقیقی ادارے میں تبدیل ہو چکا ہے۔ جہاں مختلف موضوعات پر تحقیق کا سلسلہ جاری ہے۔ لائبریری کی فہرست بھی تیار کی جاتی رہی ہے۔ فہرست سازی کا کام ۱۹۰۴ میں گورنر لارڈ کرزن کی ایما پر مشہور دانشور سر ڈینسن راس (Edward Dennison Ross) کی زیر نگرانی شروع ہوا اور کیٹلاگ اور اشاریے کتابی شکل میں شائع ہوئے۔ڈاکٹر عظیم الدین احمد نے ۳۴/ جلدوں میں

Catalogue of Arabic and Persian Menuscripts in the oriental public library

کے نام سے مرتب کی۔ اس کے علاوہ مفتاح الکنوز کے نام سے ۳جلدوں میں عبدالحمید ایڈورڈ ڈینی سن راس نے فہرست تیار کی۔ جس کی تیسری جلد سید اطہر شیر کی مرتب کردہ ہے۔

عابد امام زیدی نے بھی خدابخش اورینٹل پبلک لائبریری کی فہرست مخطوطات اردو مرتب کی۔ زیڈ اے ڈیسائی نے یہاں کے عربی اور فارسی مخطوطات کی فہرست تیار کی اور ایم ذاکر حسین نے تین جلدوں میں وضاحتی فہرست ترتیب دی۔ اس طرح خدابخش لائبریری کے مخطوطات اور مطبوعات کی وضاحتی فہرست نہ صرف اسکالرز اور محققین کے لیے مشعل راہ ہے بلکہ اس کے ذریعے کسی بھی موضوع کی نئی جہتوں کی جستجو میں بھی مدد ملتی ہے۔

خدابخش لائبریری کا ایک تحقیقی جرنل "خدابخش جرنل" کے نام سے شائع ہوتا ہے۔ یہ مجلہ کثیر لسانی ہے۔ مشرقی اسلامی مطالعات اور تاریخ و تہذیب پر مرکوز اس

جرنل میں نہایت وقیع عالمانہ اور دانشورانہ مضامین شائع ہوتے ہیں۔ یہ جرنل ۱۹۷۷ سے شائع ہو رہا ہے۔ جرنل کے علاوہ مخطوطات کی تدوین، ترتیب اور اشاعت کا بھی اہتمام خدابخش لائبریری نے کیا ہے۔ اس لائبریری نے اب تک جو کتابیں شائع کی ہیں، موضوعی اعتبار سے ان میں جدت اور ندرت ہے۔ خاص طور پر قدیم تذکرے اور ان کی تلخیصات کی اشاعت نہایت اہمیت کی حامل ہے کہ ان تذکروں سے ادب کی ایک مبسوط تاریخ کی ترتیب و تدوین میں مدد ملتی ہے اور مختلف عہد کے تخلیقی مزاج و منہاج کا پتہ چلتا ہے۔

علمی ادبی تحقیق کو بھی ان کتابوں سے بہت سی جہتیں ملی ہیں اور تحقیق کی نئی راہیں بھی کھلی ہیں۔ مختلف موضوعات اور اصناف پر محیط کتابوں میں ہندوستانی تاریخ اور تہذیب سے متعلق کتابیں بھی شامل ہیں۔ یہ ہندوستانی تاریخ اور تہذیب کی نئی سمتوں کا تعین کرتی ہیں اور تاریخ و تہذیب کی نئی تفہیم اور تعبیر کی صورتیں بھی پیدا کرتی ہیں۔ یہ موضوعات فی نفسہ بھی اہم ہیں اور کچھ محققین کے ذہن رسا نے بھی ان موضوعات کو معنویت عطا کی ہے۔ ہندوستان کی مشترکہ تہذیب اور تاریخ کے حوالے سے بھی کچھ کتابیں خدابخش لائبریری نے شائع کی ہیں جو دو قوموں کے درمیان در آئی غلط فہمیوں کا ازالہ کرتی ہیں اور مسخ شدہ حقائق کو نئی صورتوں میں پیش کرتی ہیں۔

تعصب زدہ تاریخ نے جس نظریاتی شدت اور فکری فسطائیت کو جنم دیا ہے، اس تاریخ کی تنسیخ کا عمل بھی ضروری ہے ورنہ جھوٹ کو سچ میں تبدیل ہوتے زیادہ دیر نہیں لگتی اور پھر اس سچ کو جھوٹ ثابت کرنے میں صدیاں لگ جاتی ہیں۔

۱۸۵۷ کی مثال سامنے ہے جہاں ایک سچ صدیوں سے کراہ رہا ہے مگر وہ ایک ایسے خزینے میں مدفون میں ہے جو شاید سرکاری تحویل میں ہے وہ اگر سامنے آجائے تو تاریخی

منطق تبدیل بھی ہو سکتی ہے اور تحریک آزادی کے تعلق سے ایک بالکل چونکانے والا نظریہ بھی سامنے آسکتا ہے۔ مگر کچھ مخصوص ذہن و فکر کے لوگ صحیح حقائق کو منظر عام پر لانے کی راہ میں رکاوٹ بنے ہوئے ہیں کہ اس کی وجہ سے ان کی فکری اور نظری منطق کا مغالطہ لوگوں پر آشکار ہو جائے گا۔

علمی سطح پر یہ جو روش کچھ مخصوص ذہن و فکر رکھنے والوں کی وجہ سے پنپ رہی ہے اس کی بیخ کنی نہایت ضروری ہے۔ خدا بخش لائبریری کے توسیعی خطبات اور ادبی علمی تقریبات کا موضوع بھی یہی مسائل و مباحث ہوتے ہیں جو یقیناً ملک اور سماج کو ایک نئی مثبت اور صحت مند فکر، احساس یا نئے جذبے سے روشناس کراتے ہیں۔

خدا بخش لائبریری صرف ہندوستانی محققین کے لیے اہم مرکز نہیں ہے بلکہ غیر ملکی محققین بھی اس کتب خانے سے استفادہ کرتے ہیں۔ تحقیق کے سفر میں خدا بخش لائبریری کی کتابیں نہ صرف ان کی معاون و مددگار ہوتی ہیں بلکہ ذہن کو نئی جہتوں اور زاویوں سے روشناس بھی کرتی ہیں۔

خدا بخش لائبریری میں عربی، فارسی تحقیقات کا سلسلہ بھی جاری ہے اور اس کے تحت فیلوشپ بھی دی جاتی ہے، اسلامی اور مشرقی مطالعات اور تاریخی تناظرات سے متعلق تحقیق کا جو جذبہ ہے یقیناً قابل رشک ہے مگر خدا بخش لائبریری جیسے بڑے اداروں کو اب اپنی تحقیق کا منہج بدلنا چاہئے اور (Jacques Paul) کی طرح (Mign Graeca) اور (Migne Latina) جیسی ۳۷۹ جلدوں پر محیط انسائیکلوپیڈیا ترتیب دینی چاہئے جو جامع الفنون ہو۔

خدا بخش لائبریری کی یہ خوش بختی رہی ہے کہ اس کے سلسلہ ملازمت سے وابستہ بہت سی مشہور شخصیات رہی ہیں مولانا مسعود عالم ندوی جیسی شخصیت بھی اس لائبریری

سے وابستہ رہی ہے جن کے علمی تبحر کا اعتراف زمانہ کرتا ہے۔ ایک نابغہ روزگار شخصیت جنہیں عربی زبان پر گہرا عبور تھا اور جن کی تصنیفات محمد بن عبدالوہاب ایک مظلوم اور بدنام مصلح، ہندوستان کی پہلی اسلامی تحریک، مولانا عبیداللہ سندھی کے افکار و خیالات پر ایک نظر، اشتراکیت اور اسلام حوالہ جاتی حیثیت رکھتی ہیں۔

عربی زبان کے محقق مولانا مسعود عالم ندوی او گانوی ۱۹۳۷ میں خدا بخش لائبریری سے وابستہ ہوئے کیٹلاگس کی ترتیب میں تحقیق کی عمدہ مثال قائم کی۔ اسی طرح اس لائبریری سے پروفیسر عبدالرشید جیسی شخصیت کی وابستگی ریفرنس اسسٹنٹ کی حیثیت سے رہی ہے جو عربی زبان کے محقق اور پٹنہ یونیورسٹی کے صدر شعبہ عربی کے حیثیت سے معروف و ممتاز ہیں۔ دیوبند کے فیض یافتہ پروفیسر عبدالرشید نے طبقات الشافعیہ کی تدوین کی۔ ملک کے موقر مجلات میں ان کے شائع شدہ مقالات ان کی مطالعاتی وسعت اور لسانی قدرت کا ثبوت ہیں۔

اس لائبریری کو ہمیشہ بے لوث اور مخلص ڈائریکٹر ملے ہیں۔ اس لائبریری کے ڈائرکٹر عابد رضا بیدار جیسے دانشور رہے ہیں جن کا زمانہ خدا بخش لائبریری کا عہد زریں ہے۔ ان کے پاس ایک وژن تھا اور منفرد سوچ تھی اور ان کا طریقہ کار سب سے الگ تھا۔ ان کے دور میں لائبریری کی شہرت و عظمت میں غیر معمولی اضافہ بھی ہوا اور لائبریری عام توجہ کا مرکز بھی بنی۔ لائبریری کی تحقیقی سرگرمیوں میں نئی جان آئی اور سچ پچ قومی اور عالمی سطح پر خدا بخش لائبریری کو جو شناخت میسر ہے، وہ عابد رضا بیدار کی پیہم جدوجہد اور کوششوں کا ثمرہ ہے۔ گو کہ وہ بعض افراد کی شرپسندی کا شکار بھی ہوئے اور انہیں دائرہ اسلام سے خارج بھی کیا گیا اور یہ معاملہ اخبارات میں اچھالا گیا شاید مئی ۱۹۹۲ میں ایس ایم محسن کی کتاب کی تقریب میں انہوں نے کفر کی نئی تشریح پر زور دیا تھا اور

ہندوؤں کو زمرۂ کفار سے نکالنے کی درخواست کی تھی۔ اسی عالمانہ سوال پر انہیں کافر قرار دے دیا گیا بہرحال عابد رضا بیدار کی علمی اہمیت سے انکار ممکن نہیں۔ وہ ایک بلند پایہ دانشور، محقق ہیں اوران کی خدمات کا اعتراف زمانہ کرے گا۔

ان کے علاوہ خدابخش لائبریری پٹنہ کے ڈائرکٹر میں حبیب الرحمن چغانی اور ڈاکٹر ضیاء الدین انصاری جیسی شخصیتیں بھی رہیں جو علمی دنیا میں تعارف کی محتاج نہیں۔ خدابخش لائبریری کے موجودہ ڈائریکٹر ڈاکٹر امتیاز احمد تاریخ میں استناد کا درجہ رکھتے ہیں انہوں نے عبدالرحیم خانخاناں پر نہایت وقیع کام کیا ہے۔

پٹنہ یونیورسٹی سے تاریخ میں ڈاکٹریٹ کی ڈگری حاصل کرنے والے ڈاکٹر امتیاز احمد نے متنازعہ فلم "جودھا اکبر" کے بارے میں بھی اپنی تاریخی بصیرت اور علمیت کا ثبوت دیا اور ان کے حوالے سے انگریزی اخبارات میں جودھا اکبر کے بارے میں بہت ساری تفصیلات سامنے آئیں۔ انہوں نے کہا کہ جودھا بائی اکبر کی بیگم نہیں تھی۔ ابوالفضل کے اکبرنامہ، عبدالقادر بدایونی کے منتخب التواریخ اور نظام الدین بخشی کے طبقات اکبری میں اس کا ذکر نہیں ہے۔ امتیاز احمد کا کہنا ہے کہ انیسویں صدی میں جودھا کا نام اس وقت سامنے آیا جب کرنل ٹوڈ نے اپنی کتاب Annals and Antiquity of Rajasthan میں اس کا ذکر کیا تھا۔

***

مولانا آزاد کی ادبی سیاسی اور صحافتی خدمات

پروفیسر معظم علی

مولانا آزاد کی ادبی، سیاسی و صحافتی خدمات پر اب تک بہت کچھ لکھا جا چکا ہے۔ اس سلسلے میں محض کچھ تعریفی کلمات پر اکتفا کرنا یا پھر کچھ پیش رو مقررین، مصنفین کی آراء کو دہرا دینا غیر تشفی بخش ہو گا۔ میں مولانا آزاد کے افکار کا تجزیہ کرتے ہوئے موجودہ حالات میں ان کی موزونیت و اہمیت کو اپنے اس مقالے میں اجاگر کرنا چاہوں گا۔ مولانا آزاد (۱۸۸۸-۱۹۵۸)ایک منفرد، ہمہ پلو شخصیت کے مالک تھے۔ بیسویں صدی کا کوئی مورخ جو تاریخ جدوجہد آزادی ہند قلم بند کرنے پر کمربستہ ہو، وہ مولانا آزاد کی شخصیت و کردار اور ان کی جدوجہد آزادی اور مابعد آزادی گراں قدر رول پر ایک باب قلمبند کرنے پر خود کو مجبور پائے گا۔ اپنی عمر کے ابتدائی حصے میں مولانا کا ذہن ادب کے ساتھ ساتھ مسلمانوں کی تعلیمی و فکری ارتقاء کیلئے لائحہ عمل کی تدوین کی طرف راغب تھا۔ انہوں نے اس دور میں کوئی ۱۶ رسالوں کیلئے لکھا اور محض ۲۴ سال کی عمر میں ۱۳جولائی ۱۹۱۲ء کو "الہلال" جاری کیا جو ۱۸!نومبر ۱۹۱۴ء تک جاری رہا۔ اپنے نئے انداز تکلم، بے باکی اور اعلی ادبی معیار کی وجہ سے "الہلال" نے تہلکہ مچا دیا اور محض دو سالوں میں آزاد کے مطابق اس کی اشاعت ۲۶۰۰۰ تک پہنچ گئی جو اردو زبان میں ایک کارنامہ تھا۔ اس سے پہلے اردو کے کسی رسالے کی رسائی اس تعداد تک نہیں ہوئی تھی۔

حکومت وقت کو خطرہ محسوس ہوا اور پریس ایکٹ کے تحت حکومت نے "الہلال" کے پریس کو ۱۹۱۴ء میں ضبط کر لیا۔ لیکن محض ۵ مہینوں کے اندر یعنی ۱۲!نومبر ۱۹۱۵ء کو مولانا آزاد نے "البلاغ" جاری کر دیا جو ۳!اپریل ۱۹۱۶ تک جاری رہا۔ حکومت برطانیہ نے اس مرتبہ ڈیفنس آف انڈیا ریگولیشن کا استعمال کر کے "البلاغ" کو بند کر دیا۔ مولانا اور ان کے رفقاء کے زور قلم کی تاب نہ لا کر حکومت نے مولانا پر قید و بند کی صعوبتیں مسلط کر دیں۔ مولانا نے ۴سال رانچی میں حراست میں گذارے کیونکہ کلکتہ، پنجاب، دہلی، یوپی اور ممبئی کی حکومتوں نے آزاد کے داخلے پر پابندی لگا دی تھی۔ مولانا کو قید و بند کا متواتر سامنا رہا۔ انہوں نے اپنی عمر عزیز کا ساتواں حصہ یعنی ۹سال ۸ مہینے قید و بند کی حالت میں گذارے۔ "غبار خاطر" میں مولانا نے جنبش قلم کا سلسلہ جاری رکھا۔ انہوں نے کم از کم ۱۶ارسالوں کیلئے لکھا۔ "الہلال" ایک بار پھر ۱۰جون ۱۹۲۷ء سے دسمبر ۱۹۲۷ء تک جاری رہا۔

مولانا کی تصنیفات ۵۸ اور متفرقات ۲۲ تحریروں پر مشتمل ہیں۔ ان تحریروں سے مولانا کی صحافتی و ادبی خدمات کا بخوبی اندازہ لگایا جاسکتا ہے۔ نہرو لکھتے ہیں کہ مولانا کی تحریریں شدت و ندرت، جدت وجرات، نئے افکار، عقلیت، معقول پسندی، جدیدیت اور فرسودہ خیالات کی تنقید سے سرشار تھیں۔ مولانا نے نئے اسلوب میں لکھا۔ ان کی عربی و فارسی پر قدرت ان کی زبان کو کسی حد تک ادق بنا دیتی تھی لیکن انہوں نے نئی اصطلاحات اور نئے خیالات و اسلوب کے ذریعہ اردو زبان کو ایک مخصوص ہیئت دی۔ اسے نئی راہوں سے روشناس کروایا۔ آزاد کی جدت کی مخالفت بھی ہوئی مگر اپنے مخالفین کو انہوں نے اپنی اعلی علمی قابلیت سے خاموش کر دیا۔ انہوں نے علی گڑھ گروپ کی رجعت پسندی و علیحدہ پسندی کی شدید مخالفت کی اور کم عمری میں اپنی تحریروں سے ایک

شورش پیدا کر دی۔ ان کے نزدیک اسلام اور ہندوستانی قوم پرستی میں کوئی تضاد نہ تھا۔ گو کہ وہ ۱۹۰۶ء میں مسلم لیگ میں شامل ہوئے تھے مگر ان کی تحریروں نے مسلم لیگ کو کانگریس کے قریب لانے میں مدد کی۔ "الہلال" نے آزاد کے الفاظ میں "مسلمانوں کو یاد دلایا تھا کہ آزادی کی راہ میں قربانی و جان فروشی ان کا قدیم اسلامی ورثہ ہے، ان کا اسلامی فرض ہے کہ ہندوستان کی تمام جماعتوں کو اس راہ میں پیچھے چھوڑ دیں"۔ مولانا آزاد کی ادبی و صحافتی خدمات بے لوث تھیں۔ ۲۷ جولائی ۱۹۱۲ء کے "الہلال" میں وہ لکھتے ہیں:

"ہم اس بازار میں سودائے نفع کے لئے نہیں بلکہ تلاش زیاں و نقصان میں آئے ہیں۔ صلہ و تحسین کیلئے نہیں بلکہ نفرت و دشنام خلش و اضطراب کے کانٹے ڈھونڈتے ہیں۔ دنیا کے زر و سیم کو قربان کرنے کیلئے نہیں بلکہ خود اپنے تئیں قربان کرنے آئے ہیں"۔ "ہمارے عقیدے میں تو جو اخبار اپنی قسمت کے سوا کسی انسان یا جماعت سے کوئی اور رقم لینا جائز رکھتا ہے وہ اخبار نہیں بلکہ اس فن کے لئے دھبہ اور سر تا سر عام رہے۔ ہم اخبار نویس کی سطح کو بہت بلندی پر دیکھتے ہیں اور امر بالمعروف و نہی عن المنکر کا فرض الٰہی ادا کرنے والی جماعت سمجھتے ہیں۔ پس اخبار نویس کے قلم کو ہر طرح کے دباؤ سے آزاد ہونا چاہئے اور چاندی اور سونے کا تو سایہ بھی اس کیلئے سم قاتل ہے"۔

مولانا کی کم عمری میں ان کی فکری پختگی و بلوغت نے بزرگان وقت کو حیرت میں ڈال دیا تھا۔ اکثر حضرات مولانا آزاد کو بار بار دیکھتے اور تعجب سے پوچھتے: "کیا یہی نوجوان ابوالکلام ہیں؟"

زبان پر قدرت کچھ ایسی تھی جیسے الفاظ ان کے سامنے با ادب ہاتھ باندھے کھڑے ہوں اور انہوں نے جس کو چاہا استعمال کر لیا۔ مولانا نے اردو زبان کو اپنی منفرد نگارشات سے مالا مال کیا۔ اسے نئی راہوں سے آشنا کروایا، اظہار خیال کو نئی جدتوں، وسعتوں و

بلندیوں سے متعارف کروایا۔ افکار و جذبات کے اظہار کو نئی جدتیں بخشیں اردو زبان ان کی ہمیشہ احسان مند رہے گی اور ان پر جذبہ احسان مندی کے ساتھ فخر کرے گی۔ ادبی خدمات کے ذکر کے بعد اب آیئے مولانا کی صحافتی خدمات کا طائرانہ جائزہ لیتے ہیں۔ جس دور میں مولانا آزاد حرکی وکار گر تھے اس دور میں صحافت اور ادب کا رخ فکر انگیز لوگ ہی کیا کرتے تھے جو کچھ ٹھوس پیغام عوام الناس تک پہنچانے کے خواہاں ہوں ایسے لوگ سنجیدہ اور مخلص ہوتے تھے، اپنا ایک منفرد زاویہ نگاہ رکھتے تھے اور اس کے اظہار کی قابلیت، کہنے کا عزم، ولولہ و جرات رکھتے تھے۔ ان کا دل لوہے کا اور جگر پتھر کا ہوتا تھا۔

اس دور میں صحافت محض ایک بزنس، ایک ذریعہ حصول دولت و سیاسی شعبدہ بازی نہ تھا اور نہ ہی ایک پیشہ۔ نہ اخبارات بڑے بڑے سرمایہ دار چلایا کرتے تھے۔ صحافت نفع کمانے کا ذریعہ نہ ہو کر ایک مشن تھا۔ ایڈیٹر خود پرچہ نکال کر اس میں اپنا سرمایہ مشغول کرتا تھا اور اکثر نقصان اٹھاتا تھا۔ اس دور میں ملک آزاد تھا نہ لکھنے کی آزادی ہی تھی۔ ایسے میں ایک اخبار چلانا جوئے شیر لانے سے کم نہ تھا۔ دوسری طرف یہ عتاب حکومت اور قید وبند کی صعوبتوں کو دعوت دینے کا آسان طریقہ تھا۔ مولانا کے ساتھ ایسا ہی ہوا۔ مولانا آزاد کو ایک طرف علمی دلچسپیوں کے ساتھ انصاف کرنا تھا تو دوسری طرف عملی تقاضوں کا سامنا کرنا تھا جہاں سیاسی افکار و جدوجہد کا غلبہ تھا۔ علم و عمل کو یکجا کرنا کوئی سہل کام نہیں تھا۔ گو کہ صحافت اور سیاست کا چولی دامن کا ساتھ ہے مگر مولانا "الہلال" کے اجراء کا مقصد یوں بیان کرتے ہیں:

"--- الہلال کا مقصد اس اس کے سوا کچھ نہیں ہے کہ وہ مسلمانوں کو ان کے اعمال و معتقدات میں صرف کتاب للہ اور سنت رسول للہ پر عمل کرنے کی دعوت دیتا ہے اور خواہ وہ تعلیمی مسائل ہوں، خواہ تمدنی، سیاسی ہوں، خواہ اور کچھ وہ ہر جگہ مسلمانوں

کو صرف مسلمان دیکھنا چاہتا ہے۔ اس کی صدا صرف یہی ہے کہ۔۔۔ اس کتاب اللہ کی طرف آؤ جو ہم اور تم دونوں میں مشترک ہے"۔

مولانا آزاد صحافت میں ایمانداری، دیانتداری، الوالعزمی، بے خوفی اور اعلی کردار اخلاص کے علم بردار تھے۔ ان کا معیار صحافت نہایت بلند و بالا، اعلی وارفع تھا۔ جو بات دل سے نکلتی ہے اثر کرتی ہے اور الہلال کی باتوں نے دلوں کو جیت لیا۔ یہ اخبار مذہب کے علاوہ اپنی وسعت میں سیاست، معاشیات، نفسیات، تاریخ، جغرافیہ، عمرانیات، سوانح اور ادب پر محیط تھا۔ اس دور کے اعلیٰ ترین مدبروں، اکابرین، مصنفین اور شعراء نے الہلال کو اپنے اظہار خیال کا ذریعہ بنایا۔ جیسے شبلی نعمانی، حسرت موہانی، اقبال، سید سلیمان ندوی، عبداللہ عمادی، مولانا عبدالماجد دریابادی وغیرہ۔ الہلال اپنے آپ کو سیاست سے دور نہ رکھ سکا گو کہ مولانا آزاد کا اصرار تھا کہ "الہلال" کوئی سیاسی اخبار نہیں ہے بلکہ ایک دینی دعوت اصلاح کی تحریک ہے جو مسلمانوں کے اعمال میں مذہبی تبدیلی چاہتی ہے۔۔۔ الہلال اپنے ہر خیال کو خواہ وہ کسی موضوع سے تعلق رکھتا ہو، محض اسلامی اصولوں کے تحت ظاہر کرتا ہے۔ دوسری جگہ لکھتے ہیں:

" الہلال کی اور تمام چیزوں کی طرح پالیٹکس میں بھی یہی دعوت ہے کہ نہ گورنمنٹ پر بے جا بھروسہ کیجئے اور نہ ہندوؤں کے ساتھ حلقہ درس میں شرک ہوئیے۔ صرف اسی راہ پر چلئے جو اسلام کی بتائی ہوئی صراط مستقیم ہے"۔

کہا جاتا ہے کہ صحافت عجلت میں پیدا کیا گیا ادب ہے۔ الہلال کے شماروں میں ادب کی گہری چھاپ تھی۔ مولانا آزاد کا سیاسی نقطہ نظر منفرد، جاذب، بڑی حد تک قابل عمل تھا جو اس دور کے ہندوستان اور آج کے ہندوستان دونوں میں اپنی خاص معنویت رکھتا ہے۔ اس نقطہ نظر تک پہنچنے میں مولانا کو مختلف منزلوں سے ہو کر گذرنا پڑا۔ ابتداء وہ

سرسید سے متاثر تھے اور بعد میں مخالف ہو گئے۔ وہ اسلام، مسلمانان عالم سے گہری یگانگت اور مسلمانوں کے ایک منفرد لائحہ عمل کے راستے سے ہو کر قومیت، قومی اتحاد، کثرت میں وحدانیت کی طرف راغب ہوئے تھے۔ انہوں نے نہایت اجتہادی طریقے سے رسول اکرمؐ کے مدینہ کے تجربہ کو بنیاد بنا کر ہندوستان میں بین قومی اتحاد کا خاکہ پیش کیا۔ ہجرت کے پہلے ہی سال آنحضرت صلی اللہ علیہ وسلم نے یہودی، صابی، ماگی اور بت پرست قبائیلوں کو ملا کر ایک سیاسی گروہ بنایا تھا تاکہ قریش مکہ کی یلغار سے مہاجرین کو محفوظ رکھا جاسکے۔ اس مقصد کے ئلے ایک قانونی دستاویز "میثاق مدینہ" یا عہد نامہ مدینہ تیار کی گئی جس پر سب نے اتفاق کیا۔ ان مختلف مذاہب پر مبنی سیاسی گروہوں کو آپ نے امۃ الواحدہ یعنی ایک قوم کا نام دیا۔ گو کہ یہ اسکیم کامیاب نہیں رہی لیکن مولانا آزاد ہندوستان میں اسی قسم کا ہندو مسلم معاہدہ چاہتے تھے جو سنت رسول کے مطابق ہے۔ رام گڑھ میں مارچ ۱۹۰۴ء کو مولانا آزاد نے کانگریس پارٹی سے یوں خطاب کیا:

"ہندوستان کیلئے قدرت کا یہ فیصلہ ہو چکا تھا کہ اس کی سرزمین انسان کی مختلف نسلوں، مختلف تہذیبوں اور مختلف مذہبوں کے قافلوں کی منزل بنے۔ ابھی تاریخ کی صبح بھی نمودار نہیں ہوئی تھی کہ ان قافلوں کی آمد شروع ہو گئی اور پھر ایک کے بعد ایک سلسلہ جاری رہا۔ اس کی وسیع سرزمین سب کا استقبال کرتی رہی اور اس کی فیاض گود نے سب کے لئے جگہ نکالی۔ ان ہی قافلوں میں ایک آخری قافلہ ہم پیروان اسلام کا بھی تھا۔ مولانا نے یہ بھی کہا تھا کہ تاریخ کی پوری ۱۱ صدیاں اس واقعہ پر گذر چکی ہیں۔ اب اسلام بھی اس سرزمین پر ایسا ہی دعوی رکھتا ہے جیسا دعوی ہندو مذہب کا ہے۔ اگر ہندو مذہب کئی ہزار برس سے اس سرزمین کے باشندوں کا مذہب رہا ہے تو اسلام بھی ایک ہزار برس سے اس کے باشندوں کا مذہب چلا آتا ہے۔ جس طرح آج ایک ہندو فخر کے ساتھ کہہ

سکتا ہے کہ وہ ہندوستانی ہے اور ہندو مذہب کا پیرو ہے، ٹھیک اسی طرح ہم بھی فخر کے ساتھ کہہ سکتے ہیں کہ ہم ہندوستانی ہیں اور مذہب اسلام کے پیرو ہیں۔ میں اس دائرے کو اس سے زیادہ وسیع کروں گا۔ میں ہندوستانی مسیحی کا بھی یہ حق تسلیم کروں گا کہ وہ آج سر اٹھا کر کہہ سکتا ہے کہ میں ہندوستانی ہوں اور باشندگان ہند کے مذہب یعنی مسیحیت کا پیرو ہوں۔ ہماری گیارہ صدیوں کی مشترکہ (ملی جلی) تاریخ نے ہماری ہندوستانی زندگی کے تمام گوشوں کو اپنے تعمیری سامانوں سے بھر دیا ہے۔ ہماری زبانیں، ہماری شاعری، ہمارا ادب، ہماری معاشرت، ہمارا ذوق، ہمارا لباس، ہمارے رسم و رواج، ہماری روزانہ زندگی کی بے شمار حقیقتیں، کوئی گوشہ بھی ایسا نہیں ہے جس پر اس مشترکہ زندگی کی چھاپ نہ لگ گئی ہو۔ ہماری بولیاں الگ الگ تھیں، مگر ہم ایک ہی زبان بولنے لگے۔ ہمارے رسم و روج ایک دوسرے سے بیگانہ تھے مگر انہوں نے مل جل کر ایک نیا سانچہ پیدا کر لیا۔ ہمارا پرانا لباس تاریخ کی پرانی تصویروں میں دیکھا جاسکتا ہے۔ مگر اب وہ ہمارے جسموں پر نہیں مل سکتا۔ یہ تمام مشترکہ سرمایہ ہماری متحدہ قومیت کی ایک دولت ہے۔ سیکولرازم کے نام پر مسلمانوں کے ہاتھوں مسلمانوں کو ایذا پہنچانے کا سلسلہ زور پکڑتا گیا۔

خود مولانا کو سیکولرازم کے نام پر خاموش کر دیا گیا۔ اس طرح مسلمانوں اور اردو والوں کے ارمان کو خون ہوتا رہا۔ مولانا کے خیالات پرانے (Dated) لگنے لگے۔ آزادی سے پہلے اور مابعد آزادی حالات کا تجزیہ، عملی سیاست اور سیکولرازم کے نام پر مسلمانوں کے ہاتھ مسلمانوں کو نقصان پہنچانے کا رواج عام ہوتا گیا اور ابھی بھی جاری ہے۔ عملی اور فعال سیاست سے مسلمان دور ہوتے گئے۔ خود کو ایک خول میں بند کر لیا گو کہ کچھ موقع پرست Active رہے۔ اس طرح Alienation مسلمانوں کا مقدر بن گیا۔ ایک طرف

ان پر تقسیم کے الزام کا بوجھ ناجائز طور پر لاد دیا گیا تو دوسری طرف ان کہ ہر جائز مطالبے کو فرقے واریت سے تعبیر کیا گیا۔ تقسیم ملک ایک پیچیدہ عمل تھا جسے عائشہ جلال اور دوسروں نے اجاگر کیا ہے۔ اس کیلئے صرف مسلمانوں کو ذمہ دار ٹھہرانا حقائق سے رو گردانی کرنا ہے۔ بہر حال پچھلے ۵۸ سالوں سے مسلمان ایک Alienation اور خوف میں جیتے رہے ہیں۔

وقت آگیا ہے کہ ہم مولانا کے مناسب خیالات کو اجاگر کریں اور اس سے آگے جانے کی سعی کریں۔ مولانا کی صحافتی، ادبی و سیاسی خدمات کے بارے میں وثوق سے کہا جاسکتا ہے کہ وہ ان حالات میں گرانقدر تھیں۔ ان کا کسی حد تک موجودہ حالات میں بھی مناسب و موزوں ہونا مسلم ہے۔ مولانا نے اردو صحافت کو ایک نئے رنگ میں رنگا۔ اسے نئے معیارات سے متعارف کروایا۔ ان کا اسلوب بیاں نہایت جدت پسند، جامع اور موثر تھا جس نے بیسیوں صدی کے پہلے دہوں میں ایک تہلکہ مچادیا تھا۔ ان کی علمی، عقلی وادبی صلاحیتیں سقم سے بالاتر اور اردو والوں کیلئے خاص کر اور دوسروں کیلئے عام طور پر قابل قدر ہیں۔ ان کی کتابیں مضامین، کالم، حاشیے اور دوسری تمام تحریریں اردو کیلئے بیش بہا خزانہ ہیں جن سے اردو والے ہمیشہ مستفید ہوتے رہیں گے۔ انہوں نے اردو میں اظہار خیال و جذبات کے دائرے کو وسیع تر کیا اور نئی جدتوں اور ترکیبوں سے اردو کو متعارف کروایا۔ اردو ان کی ہمیشہ قرض دار رہے گی اور اردو والے ان کے احسان مند۔

***

جواہر لعل نہرو - ایک عہد ساز شخصیت

شاہد ماہلی

گاندھی جی کے بعد تحریک آزادی کے عظیم رہنما پنڈت جواہر لعل نہرو ایک عہد ساز شخصیت تھے۔ مفکر ادیب، عالم اور دانشور ہندوستان کی ہر دل عزیز شخصیت کے ساتھ ساتھ کروڑوں اہل وطن کے دلوں میں بستے تھے۔ آزادی کے بعد ملک کی قیادت کا بار جواہر لعل نہرو کے کاندھوں پر آیا۔ انگریز ہندوستان سے چلے گئے تھے مگر ملک کی تقسیم کے تکلیف دہ مسائل اور بد حال معیشت حکومت کے لئے چھوڑ گئے تھے۔ آزادی کے بعد ملک میں مضبوطی اور اتحاد کے ساتھ تعمیر نو کا کام شروع کیا گیا اور ہندوستانی سماج میں حب الوطنی اور قومی نظریے کو فروغ دیا گیا، جاگیر داری، زمینداری کو ختم کر کے سرمایہ داری کے رجحانات کو روکتے ہوئے سوشلسٹ سماج کی تعمیر کے لئے بہت سے اقدامات کئے گئے۔ اقوام عالم میں ہندوستان کا وقار بڑھا۔ اس قافلے میں نہرو جی کے ساتھ مولانا آزاد، سردار پٹیل، بابو راجندر پرشاد اور بہت سے دوسرے رہنما شامل تھے۔ جمہوریت اور سوشلزم کے بارے میں بھونیشور کانفرنس میں نہرو جی نے واضح طور پر کہا کہ بھارت کی منصوبہ سازی شعوری طور پر اس صورت سے چلائی جائے کہ ایک سوشلسٹ معاشرہ قائم ہو سکے۔ انہوں نے مراعات تفریق اور استحصال ختم کرنے کو کہا۔ اقتصادی ترقی کی اس روش سے خبر دار کیا گیا جس کے نتیجے میں دولت اور پیداوار کے ذرائع

چند ہاتھوں میں مرکوز ہوتے ہیں۔ نجی آمدنی اور جائیداد کی حد بندی کرنے، انتظامیہ میں مزدوروں کو شریک کرنے، اور اصلاح اراضی کا پورا پروگرام دو سال کے اندر مکمل کرنے کا عہد کیا۔

بھونیشور کانگریس آخری کانگریس تھی، جس میں جواہر لعل نہرو نے شرکت کی۔ ۲۷ مئی ۱۹۶۴ء وہ دار فانی سے کوچ کر گئے اور تاریخ کا حصہ بن گئے۔ کانگریس کی تاریخ کہیے یا ہندوستان کے عہد حاضر کی تاریخ کا ذکر کیجئے جواہر لعل نہرو اس عہد کی وہ شخصیت تھے جسے عہد ساز کہنا ہی پڑے گا۔ جواہر لعل نہرو کا دور وہ دور ہے جس کی اہمیت کو ہندوستانی عوام صدیوں تک محسوس کرتے رہیں گے۔ وہ جنگ آزادی کے سورماؤں میں ایک تھے۔ اس کے علاوہ سوشل سائنس میں ان کی علمی استعداد اور رسائی لامحدود تھی۔ وہ نئے ہندوستان کا تنہا معمار تھے۔ ستائی ہوئی مظلوم قوموں کے نجات دہندہ تھے۔ وہ اس حد تک امن عالم کے حامی تھے کہ عرب میں انہیں سلامتی کا پیامبر کہا گیا۔ ممکن ہے کہ کوئی شخص ان ساری باتوں سے اتفاق نہ کرے جو انہوں نے کہیں یا وہ کام جو انہوں نے کیے یا اس کے کسی کام می وہ کوئی نقص ڈھونڈ نکالے لیکن اس حقیقت سے کوئی انکار نہیں کر سکتا۔ کہ وہ تاریخ ساز تھے۔

ہارپر میگزین نے ان کے بارے میں کہا ہے کہ وہ عالمی سیاست کی سطح پر لوگوں کو اپنی طرف متوجہ کرنے میں سب سے زیادہ ماہر تھے۔ چرچل، اسٹالن اور روزولٹ کے عہد کے بعد وہ شخصیت جس نے اقوام عالم کو اپنی توجہ کا مرکز بنایا، نہرو کی شخصیت تھی۔

نیویارک پوسٹ کے مطابق ان کی شخصیت دور حاضر کی تاریخ میں سب سے زیادہ نمایاں ہہے۔ ایک ہندوستانی مورخ کا قول ہے کہ بیسویں صدی کی تاریخ میں نہرو کا رول فیصلہ کن رہا ہے۔ وہ ہندوستان کے عوام کے رہنما تھے تو ایشیا کے بدلتے ہوئے مزاج کے

نمائندہ بھی تھے، ساتھ ہی ساتھ انہوں نے وہ کچھ بھی کہا اور کیا جس میں بین الاقوامی دل کی دھڑکنوں کی بازگشت تھی۔ ان کی شخصیت میں امتزاج تھا۔ گوتم بدھ، سینٹ پال، اکبر، برک، چرچل، روزولٹ، کسکی، لینن اور مہاتما گاندھی کی شخصیتوں کا۔ مہاتما گاندھی نے ہندوستان کی تحریک آزادی کو ایک نیا موڑ دیا اور اس کے لئے انہیں قوم کا باپو کہا گیا۔ لیکن اگر وہ سالار اعظم تھے تو نہرو بھی کوئی معمولی سپاہی نہیں تھے۔ گاندھی کے بعد کمان ان کے ہی ہاتھ میں تھی جس کے قیادت میں جنگ آزادی میں فتح حاصل ہوئی۔ مہاتما گاندھی نے خود بھی انہیں اپنا جانشین کہا ہے۔

آزادی کے بعد نہرو نے ہی نئے ہندوستان کی تعمیر اس طرح کی کہ ہندوستان نے تیسری دنیا میں اہم مقام حاصل کر لیا۔ مسلسل جدوجہد اور اپنی کاوشوں سے وہ آزادی سے قبل ہی تیسری دنیا کا قابل احترام لیڈر بن چکے تھے۔ ملکی سطح پر کانگریس کی تشکیل نو میں بھی نہرو کا رول بہت اہم ہے۔ بکھری ہوئی قومی طاقتوں اور رجحانات میں ہم آہنگی پیدا کر کے انہوں نے اسے ایسی سیاسی جماعت کا روپ دیا کہ وہ حکومت چلا سکنے کے قابل ہو سکی اور اس کی طاقت سال بہ سال بڑھنے لگی۔

جمہوریت کے اصولوں سے انہوں نے کبھی بھی انحراف نہیں کیا۔ ہمیشہ اپنے ساتھیوں کا احترام کیا اور انہیں اعتماد میں رکھا۔ انہوں نے حزب مخالف کو خندہ پیشانی اور فراخدلی سے برداشت کیا۔ انہوں نے ہمیشہ دوسروں کی آرا کا احترام کیا اور اس طرح انہوں نے انتہائی خوش اسلوبی سے جمہوریت کو آگے بڑھایا۔

یہ نہرو ہی تھے جنہوں نے ثابت کر دیا کہ بہت سی خاموش منزلیں جمہوری طریقوں سے حاصل کی جا سکتی ہیں۔ اس کے عمل سے بہت سے زرعی، کارخانہ جاتی اور تکنیکی تبدیلیاں ظہور پذیر ہوئیں۔ یہ نہرو کا کارنامہ ہے کہ بین الاقوامی اداروں میں ایک

نئی آواز گونجی، اصولوں کی آواز۔ یہ انہوں نے اپنے عمل سے واضح کر دیا کہ کوئی ملک چھوٹے سے چھوٹا بھی بین الاقوامی معاملات میں بنا کسی طاقت کے استحصال کے اثر ڈال سکتا ہے۔ مہاتما گاندھی نے یہ کہہ کر مبالغہ سے کام نہیں لیا کہ نہرو ہمارے بے تاج بادشاہ ہیں۔

٭ ٭ ٭

سیتا - ہندو دیومالا کا ممتاز و مقدس کردار

ہندوؤں کے ہاں جو شہرت رام چندر جی کی بی بی سیتا نے پائی ہے وہ کسی اور عورت کو نصیب نہیں ہوئی۔ طرح طرح کی مصیبتوں کا جھیلنا، عجب عجب قسم کے سانحوں کا دیکھنا۔ خاندانی اور ذاتی شرافت، حسن خداداد کی لطافت اور خصائل کی خوبی یہ ساری باتیں ایسی ہیں کہ ان کے سبب ہر فریق اور ہر قوم کے ہندو اس کے نام کو محبت سے یاد کرتے ہیں۔ جو لوگ رام کو وشن کو اوتار مانتے ہیں، وہ سیتا کی ویسی ہی تعظیم کرتے ہیں، جیسی رومن کیتھلک عیسائی حضرت مریم کی۔

سیتا کے باپ کا نام جنک [Janaka] تھا اور وہ متھلا دیس کا، جس کو حال میں ترہٹ کہتے ہیں، فرمانروا تھا۔ اس لڑکی کے سوا اس کے ہاں اور اولاد نہ تھی۔ اس لئے بڑی محبت اور ناز و نعمت سے اسے پالا تھا۔ حسن و جمال میں اس عورت کا اس وقت کوئی نظیر نہ تھا۔ اور خصائل برگزیرہ اور صفات حمیدہ نے اور بھی اس کو چمکار کھا تھا۔

انگلستان کے ایک شاعر کا قول ہے کہ بہادر مرد کے سوا حسین عورت کا کوئی مستحق نہیں۔ بموجب اس قول کے، اس کے باپ نے یہ عہد کر لیا تھا کہ جو کوئی ایک کڑی اور بھاری کمان کو جو اسکے ہاں رکھی ہوئی تھی کھینچ لے گا وہی سیتا کو پائے گا۔ اس زمانے میں بہادری ہی بڑی لیاقت سمجھی جاتی تھی۔ اور تمام سردار اور چھتری اور راجا اپنی بیٹیاں انہیں لوگوں کو دیتے تھے جو لڑائی کے کرتبوں میں سبقت لے جاتے تھے۔

یہ کمان کوئی معمولی کمان نہ تھی، بلکہ بڑی بھاری اور ایسی کڑی تھی، کہ اس کا کھینچنا دشوار تھا۔ ایرئن لکھتا ہے کہ ہند کے لوگ کمانوں کو پاؤں سے کھینچتے ہیں اور ان کا تیر چھ فٹ لمبا ہوتا ہے۔ ایسی کمان اب بھی ہندوستان کی بعض پہاڑی قوموں میں پائی جاتی ہے۔ پس راجا جنک کے ہاں ایسی کمان کا ہونا کچھ تعجبات سے نہ تھا۔ جب سیتا کے حسن و جمال کا اور اس کے باپ کے عہد کا شہرہ تمام آریاورت میں پھیل گیا تو دور اور نزدیک کے بہت سے راجا جنک دربار میں آنے لگے۔ اس وقت رام چندر جی کی جوانی کا آغاز تھا۔ اور فن تیر اندازی میں انہوں نے بڑا کمال پیدا کیا تھا۔ کوئی راجا رام چندر جی کے سوا اس کمان کو نہ کھینچ سکا۔ اور انہوں نے اس کو فقط کھینچا ہی نہیں بلکہ دو ٹکڑے بھی کر دیئے۔ ان کی یہ شہ زوری دیکھ کر سیتا کے باپ نے اس کی شادی ان سے کر دی۔ اور یہ اس کو لے کر اجودھیا میں جو ان کے باپ کا دارالحکومت تھا، چلے آئے۔

یہاں رہتے ہوئے انہیں تھوڑے ہی دن گزرے تھے کہ ان کے باپ راجا دسرتھ نے اپنی ایک چہیتی بی بی کے بہکانے سے رام چندر کو چودہ برس کا بن باس دیا۔ اور وہ سیتا اور اپنے بھائی لچھمن کو لے کر وہاں سے روانہ ہو گئے۔ اور الہ آباد سے ہوتے ہوئے چترکوٹ پہاڑ پر پہنچے۔ اور کئی برس تک ادھر ادھر پھر کر آخر پنچوٹی پر، جو گوداوری کے منبع کے قریب ہے قیام کیا کہ جلاوطنی کے باقی دن وہیں گزاریں۔ ان کے جانے کے بعد راجا دسرتھ کو اس قدر پشیمانی ہوئی اور رنج ہوا کہ وہ جانبر نہ ہو سکا۔ راجہ دسرتھ کی وفات کے بعد رام چندر جی کو لینے کے لئے بھرت ان کے پاس گیا۔ مگر انہوں نے تاانقضائے میعاد جلاوطنی سے واپس آنے اور تخت کے قبول کرنے سے انکار کیا۔

حاصل یہ کہ رام چندر جی مع اپنی بی بی اور بھائی کے پنچوٹی میں رہتے اور جنگل کے پھل پھلاری اور شکار سے اپنی گزر اوقات کرتے تھے۔ اس عالم جلاوطنی میں جس خاطر

اور تشفی کے ساتھ رام اور لچھمن، سیتا کے ساتھ پیش آتے تھے اور جس محبت سے اس کی خبر گیری کرتے تھے اس سے ثابت ہوتا ہے کہ ہندو اپنی عورتوں سے بہت انس رکھتے ہیں۔ رام اور لچھمن، سیتا کو کبھی اکیلا نہ چھوڑتے تھے۔ اور باری باری سے شکار کو جاتے تھے۔ ایک روز جس طرف رام چندر شکار کو گئے تھے، اس طرف سے کچھ رونے کی آواز آئی۔ لچھمن یہ آواز سن کر سیتا کے پاس نہ ٹھہر سکے۔ ان کا یہاں سے جانا تھا کہ لنکا کا راجا راون میدان خالی پا کر سیتا کو زبردستی اپنے ساتھ لے گیا۔

لنکا میں لے جا کر ہر چند اس نے نفسانیت کی راہ سے بہتیرے جال ڈالے بلکہ سیتا کو قید بھی کیا۔ مگر سیتا کی عصمت اور پاک دامنی کے آگے اس کی ایک پیش نہ گئی۔ رام چندر جی نے جب واپس آ کر سیتا کو گھر مین نہ پایا، نہایت مضطرب ہوئے اور جنگل میں جابجا اس کی تلاش کرنے لگے۔ آخر کو جب اس کا پتہ مل گیا تو کرناٹک کے راجا بالی کے بھائی سگریو سے مل کر اس کو قید سے نکالنے اور راون سے لڑنے کی تیاریاں شروع کیں۔ لڑنے سے پہلے سگریو کے وزیر اعظم اور اس کی فوج کے سپہ سالار ہنومان کو ایلچی بنا کر راون کے سمجھانے کو بھیجا۔ مگر راون نے اس کی باتوں کا کچھ خیال نہ کیا۔ اس لئے وہ سیتا کو تشفی دے کر واپس آ گیا اور رام چندر جی اس کے ساتھ سیت بندر کو عبور کر کے لنکا پر چڑھ گئے۔

جو معرکہ آرائیاں اور خونریزیاں اس موقع پر ہوئیں اس کے بیان میں ہند کے شاعر بالمیک نے ہومر [Homer] سے کچھ کم زور نہیں دکھایا۔ آخر رام اور راون کا مقابلہ ہوا اور رام نے راون کو مار لیا۔ راون کے ہلاک ہونے کے بعد رام چندر جی سیتا کو قید سے چھڑا کر وطن کی طرف پھرے۔ اور پھرنے سے پہلے سیتا کو ثبوت عصمت کے لئے آگ میں گرنا پڑا۔

اس زمانے میں دستور تھا کہ جس عورت پر زنا کا الزام لگایا جاتا تھا، اس کو اپنی

عصمت ثابت کرنے کے لئے جلتے کوئلوں اور لوہے کے لال تووں پر ننگے پاؤں چلنا پڑتا تھا۔ اگر عورت کو اس آزمائش میں کچھ ایذا نہ پہنچتی تو وہ بے گناہ سمجھی جاتی تھی۔ ورنہ آگ میں جل کر اپنی بدکرداری کی سزا پاتی تھی۔

سیتا کی آزمائش کے بعد سب اجودھیا کو واپس آ گئے۔ اب رام چندر جی اپنی بی بی کے ساتھ بڑی خوشی سے زندگی بسر کرنے لگے۔ اور وہ جس قدر اپنے حسن و جمال سے ان کو اپنی طرف کھینچتی تھی، اسی قدر اپنی فرمانبرداری اور نیک مزاجی سے ان کے دل میں محبت کا بیج بوتی تھی۔ ان دونوں کی محبت کا حال جو بالمیک شاعر نے اور دیگر شاعروں نے لکھا ہے وہ نری شاعری نہیں ہے بلکہ اعلی درجے کی سچی محبت کی ایک مثال ہے۔

خاوند بی بی میں جو محبت تھی اس کی زیادتی کا اور سامان ہوا۔ یعنی حمل کے آثار نمودار ہوئے، ہندوؤں کے ہاں قاعدہ ہے کہ جب عورت حمل سے ہوتی ہے تو گھر کی ساری عورتیں اور مرد اس کی بڑی حفاظت کرتے ہیں۔ اسی دستور کے موافق رام چندر جی کی سب مائیں اور ان کے بہن بھائی سیتا کی خبر گیری کرنے لگے۔ رام چندر جی نے بھی کئی بار اس کے پاس جا کر دلجوئی اور اظہار خوشی سے اسے خوش کیا۔ اس کا دل بہلانے کے واسطے اکثر اوقات اسے راگ سنائے جاتے تھے اور عمدہ عمدہ تصویریں دکھائی جاتی تھیں۔

اسی اثناء میں چترک پور کے پہاڑوں پر سرنگ رشی نے ایک مرتبہ جگ گیا۔ اور خاندان شاہی کے تمام مرد اور عورتوں کو بلایا۔ سب لوگ اس جگ میں جا کر شامل ہوئے۔ مگر رام چندر جی بی بی کی تنہائی کے سبب اسی کے پاس رہے۔ گھر کے لوگ تو اس خوشی اور اس کی تیاریوں میں لگ رہے تھے کہ انقلاب روزگار نے کچھ اور ہی رنگ دکھایا اور ساری خوشیاں رنج و الم میں بدل گئیں۔ یعنی گھر والے تو لڑکا پیدا ہونے کی امید میں تھے۔ اور باہر کے لوگ اور عوام الناس اس حمل کی نسبت کچھ اور ہی گمان کرتے تھے اور

سب سیتا کے راون پاس رہنے کی نسبت طرح طرح کے خیالات اور اپنے گھروں میں اس کے چرچے کرتے تھے۔ اس طرح کی باتوں نے رام چندر جی کو ایسا آزردہ کیا کہ انہیں ناچار سیتا کو نکالنا پڑا۔ اور غرض اس سے یہ تھی کہ لوگ برائی کو برائی سمجھیں۔

اس وقت اس بے کس شکستہ خاطر کو لچھمن جنگل میں جہاں بالمیک کی منڈھی تھی چھوڑ آئے۔ چنانچہ سیتا نے اسی کے پاس رہائش اختیار کی، اور وہیں لو اور کش نامی دو لڑکے اس کے ہاں پیدا ہوئے۔ بارہ برس تک سیتا اس تنہائی اور مصیبت کے عالم میں رہی۔ اور بالمیک اس کے لڑکوں کی پرورش کرتا رہا۔ جس وقت رام چندر جی نے اسومیدھ جگ کیا، تو یہ لڑکے بھی بالمیک کے ساتھ اجودھیا کو گئے۔ اگرچہ ان کے کپڑے غریب برہمنوں کے سے تھے مگر ان کی صورت اور وضع سے امارت ٹپکتی تھی۔ چنانچہ اسی وقت ان کے حسب ونسب کا حال سب پر کھل گیا۔ اور بالمیک نے اس مجلس میں سیتا کی سفارش کر کے تمام تہمتوں کو جو اس کی عصمت پر لگائی گئی تھیں رفع کیا۔ تب تمام راجاؤں اور سرداروں نے متفق اللفظ یہی کہا کہ سیتا ستونتی ہے، اور اس کا بلا لینا مناسب ہے، مگر ان سرداروں اور راجاؤں کے سوا جو اور لوگ مجلس میں تھے۔ انہوں نے کچھ نہ کہا اور آنکھیں نیچی کر کے چپ ہو رہے، اس سبب سے رام چندر جی کو تامل ہوا، اور بغیر رضامندی رعایا کے، سیتا کا دوبارہ گھر میں بلانا مناسب نہ سمجھا۔

اس پر بالمیک نے کہا کہ اگر اس کی نسبت کچھ شک ہے تو پھر اس کی آزمائش ہو سکتی ہے، سیتا جو مدت سے تکلیفیں اور مصیبتیں اٹھاتے اٹھاتے نہایت نحیف اور کمزور ہو گئی تھی ، یہ امر اس کو نہایت شاق گزرا اور شرم اور غصہ اس پر ایسا چھایا کہ یہ سننے کے ساتھ ہی غش کھا کر گر پڑی۔ ہر چند اس کو ہوش میں لانے کی تدبیریں کی گئیں مگر کوئی تدبیر سود مند نہ ہوئی۔ اور تھوڑی ہی دیر مین اس کی جان نکل گئی۔

رام چندر جی کو اس کے مرنے کا ایسا قلق ہوا کہ انہوں نے اس غم میں اپنے تئیں دریائے سرجو کے حوالے کیا۔

کلکتے کا نہایت مشہور اور فاضل پنڈت ایشور چندر بدیا ساگر اپنی کتاب 'سیتا بن باس' میں لکھتا ہے کہ جیسی عالی خاندان اور تربیت یافتہ اور نیک عورت سیتا ہوئی ہے اور جیسے استقلال اور صبر کے ساتھ اس نے مصیبتیں جھیلی ہیں اور خاوند کی اطاعت و فرمانرداری میں اپنی جان دی ہے۔ ویسی عورتوں کی نظیر کسی تاریخ میں نہیں پائی جاتی۔ ایک مورخ اس حال کو یوں قلمبند کرتا ہے:

سیتا متھلا دیش کے راجہ جنک کی لڑکی تھی۔ جب شادی کے قابل ہوئی تو یہ شرط قرار پائی کہ جو راجہ جنک کی کمان کھینچ سکے گا وہ اس کا خاوند ہو گا۔ اس شرط کو سن کر کتنے ہی راجہ اور شہزادے آئے اور ناکام واپس ہو گئے۔ ایک روز بششٹ منی کے ساتھ دو خوبصورت اور شاندار لڑکے آئے۔ ان میں سے ایک لڑکے نے وہ کمان کھینچنا کیسا، اس کو اپنی طاقت سے توڑ ہی ڈالا۔ یہ دیکھ کر سب دنگ رہ گئے۔ پھر دریافت سے معلوم ہوا کہ یہ لڑکا اجودھیا کے راجہ دسرتھ کا بیٹا اور رام چندر نامی ہے۔ پھر تو خوشی کا کچھ ٹھکانا نہ تھا، راجہ جنک نے فخر کے ساتھ شادی منظور کر لی۔ اور راج دسرتھ کو اطلاع دی گئی کہ تاریخ مقررہ پر برات آئے۔ آخر کار بڑی دھوم دھام سے شادی ہوئی۔ سیتا نے قابل فخر خاوند اور رام چندر نے قابل قدر بی بی پائی۔ شادی کے بعد تمام جلوس اجودھیا میں پہنچا یہاں کا حال سننے کے لائق ہے۔

راجہ دسرتھ کی تین رانیاں تھیں اور ان کے بطن سے چار بیٹے تھے۔

سب سے بڑے رام چندر کوشلیا کے بطن سے تھے، دوسری رانی کیکئی تھی جس سے راجہ دسرتھ نے کبھی یہ عہد کر لیا تھا کہ میں تمہاری دو باتیں جو تم کہو گی ضرور مان لوں گا۔

جب راجہ دسرتھ بوڑھے ہوئے تو رام چندر کو نائب السلطنت بنانا چاہا۔

اس حال کو سن کر کمبخت کیکئی حسد سے جل گئی اور اپنی ایک سہیلی کی صلاح کے موافق کپڑے پھاڑ اور رنجیدہ صورت بنا بیٹھ رہی۔ جب راجہ دسرتھ آئے اور یہ حال دیکھا تو سبب دریافت کیا۔ رانی نے جواب دیا، کہ اے راجہ، جب میں نے آپ کی جان بچائی تھی، تو آپ نے اقرار کیا تھا کہ میری دو باتیں جو میں کہوں منظور کرلیں گے، اب میں یہ کہتی ہوں کہ رام چندر کے بدلے میرے لڑکے بھرت کو راج ملے۔ دوسری بات یہ کہ رام چندر کو چودہ برس جنگل میں رہنے کا حکم دیا جائے۔ راجہ دسرتھ یہ باتیں سن کر حیرت زدہ ہوگئے اور مغموم صورت سے باہر آئے۔ یہ حال نیک دل فرزند رام چندر نے سنا تو حاضر ہو کر عرض کی کہ میں ہر طرح آپ کے قول کو پورا کرانے کو حاضر ہوں۔ اور اپنی ماں کوشلیا سے کہا کہ مجھ کو بن باس کی اجازت دیجیئے اگر زندگی ہے تو چودہ برس میں واپس آجاؤں گا اس عرصہ میں بھائی بھرت کو راج کرنا مبارک ہو۔ کون کہہ سکتا ہے کہ ایسے فرزند کے اتنے بڑے خیال کو اس کی ماں نے کس دل سے سنا ہوگا اور اس وقت اس کے غم کا کون اندازہ کر سکتا ہے؟ مگر لائق فرزند کے ہاتھ جوڑنے پر خیال کرکے اس نے کہا کہ اچھا بیٹا جاؤ۔ خدا تمہارا نگہبان ہو۔ پھر رام چندر اپنی بی بی سیتا کے پاس گئے اور اس سے رخصت ہونا چاہا، مگر اس نے اپنے خاوند کی جدائی گوارا نہ کی اور وہ سائے کی طرح رام چندر کے ساتھ ہولی۔

رام چندر کا چھوٹا بھائی لچھمن بھی ساتھ چلنے کو تیار ہوگیا۔ اور آخر کار یہ تینوں باہر نکلے، چند روز کے بعد اس غم سے راجہ دسرتھ کا انتقال ہوگیا۔ تیسرے بیٹے بھرت نے کریا کرم کیا، لیکن سلطنت کرنے سے انکار کرکے اپنے بھائیوں کی تلاش میں نکل کھڑا ہوا۔ اور جنگل میں رام چندر کو جالیا اور عرض کی کہ آپ چل کر سلطنت کریں، لیکن رام

چندر نے چودہ برس پورے ہونے اور اپنے باپ کے قول کو پورا کرنے تک اس سے انکار کیا اور کہا کہ تم جاکر شوق سے کام دیکھو۔ جب میری خدمت پوری ہو جائے گی میں آ جاؤں گا۔ اس طور پر بھرت واپس آگیا۔ اور رام چندر مع لچھمن اور سیتا کے جنگلوں اور پہاڑوں میں پھرتے، پھرتے بندھیا چل کے قریب ایک مقام پر ٹھہر رہے۔ اس مقام کا نام کنجرا لکھا ہے، یہاں مردم خوار راکھشش رہتے تھے جو آدمی کو کھا جاتے تھے، اتفاق سے سروپ نکھا نام ایک راکھششنی جو راجہ راون کی بہن تھی رام چندر کو دیکھ کر ان پر فریفتہ ہو گئی۔ مگر رام چندر نے اس کو دھتکار دیا۔ تب اس نے برافروختہ ہو کر اپنے بھائی راون سے طرح طرح کی باتیں بنائیں اور راون کو سیتا کے اڑا لینے پر آمادہ کیا۔ چنانچہ ایک روز راون فقیر کا بھیس بدل کر رام چندر کے مسکن پر آیا، یہ دونوں بھائی اس وقت شکار کو گئے ہوئے تھے۔ راون نے یہ موقع غنیمت سمجھا اور سیتا کو زبردستی اپنے کاندھون پر بٹھا کر چلتا بنا۔ جب رام اور لچھمن آئے تو سیتا کو اپنی جگہ پر نہ پایا۔ اور اس کی تلاش کرنے لگے۔ آخر کار راون کی عیاری معلوم ہوئی تب وہ دونوں سیتا کی رہائی پر آمادہ ہوئے اور جنوبی ہندوستان کے راجہ سگریو سے مدد چاہی۔

اور راجہ سگریو کے سپہ سالار ہنومان کو جاسوس بنا کر لنکا بھیجا، تاکہ سیتا کی صحیح خبر معلوم ہو جائے ہنومان نے لنکا جاکر پوشیدہ طور پر سیتا کا حال دریافت کر لیا، اور رام اور لچھمن کی سلامتی کا مژدہ سنایا۔ ازاں بعد سگریو، ہنومان رام اور لچھمن سب کے سب فوج لے کر لنکا جا پہنچے بڑے کشت وخون کے بعد راون مارا گیا اور سیتا کو قید سے چھڑا کر کامیابی سے واپس آئے۔ اس عرصے میں چودہ برس کا زمانہ پورا ہو گیا اور رام چندر مع لچھمن اور سیتا کے اپنی راج دھانی کو واپس آئے۔ اور اپنا راج سنبھالا، اور اس زمانے کی رسم کے موافق سیتا کو آگ میں تپایا گیا تاکہ ان کی پاک دامنی کا ثبوت ہو۔ اور آگ نے اس کو نہ

جلایا۔ لیکن بعض حاسد عورتوں اور نالائق اشخاص نے جو ہمیشہ دوسرے کی نکتہ چینی اور عیب جوئی پر تیار رہتے، اس شریف بے گناہ اور واجب التعظیم سیتا کو کم از کم بدنامی کے الزام سے محفوظ نہ رہنے دیا۔

تب رام چندر شرم سے متاثر ہو کر سیتا کو اپنے محل سے دور چھوڑ دئے جانے پر مجبور ہوئے۔ اور سیتا کو محل سے نکال کر ایک فقیر کی منڈھی میں چھوڑ دیا گیا۔ جہاں اس کا وضع حمل ہوا اور لو اور کش دو خوبصورت لڑکے پیدا ہوئے جن سے شاہی اوصاف ظاہر ہوتے تھے۔ اور معصوم سیتا اپنی بے گناہی پر بھروسہ کر کے پھر رام چندر کے محل میں آنے کا انتظار کرتے کرتے مر گئی۔ ہر چند اس وقت کے چند لوگوں نے اس بے گناہ کے ساتھ ایسا سخت ظلم کیا جس سے اس کو رام چندر کی مفارقت اور بادشاہی سے فقیری نصیب ہوئی لیکن وہ اپنی پاک دامنی اور اپنے لاثانی اوصاف سے رام چندر کے بر ابر یاد کی جاتی ہے۔ اور تمام ہندو قوم رام کے نام کے ساتھ سیتا کا نام لینا ذریعہ فخر و نجات خیال کرتی ہے۔

ماخوذ از کتاب:
ہندورانیاں (ہندوستان کی نامور ہندورانیوں کے حالات و سوانح)

٭٭٭

ہندوستانی موسیقی: سلطان حسین شرقی اور استاد نعمت خاں سدارنگ

ایم۔اے۔ شیخ

سلطان حسین شرقی

ہندوستان کے اسلامی عہد کی تاریخ میں جون پور کے شرقی فرماں رواؤں کا خاندان بہت مشہور ہے۔ اس خاندان کی ابتداء اس طرح ہوئی کہ فیروز شاہ تغلق بادشاہ دہلی کے چھوٹے بیٹے محمد شاہ نے ملک سرور خواجہ سرا کو وزارت کے منصب پر فائز کر کے "خان جہاں" کے خطاب سے سرفراز کیا۔ جب اس کا بیٹا ناصر الدین محمود بادشاہ ہوا تو اس نے ۷۹۲ھ خواجہ جہاں کو "ملک الشرق" کا خطاب دیا اور جون پور بہار اور ترہت کی حکومت اس کے سپرد کی۔ اس نے ملک کا بہترین انتظام کیا اور جون پور کو اپنی حکومت کا پایہ تخت بنایا۔ لیکن ناصر الدین محمود کی وفات کے بعد اس نے سلطان الشرق کا لقب اختیار کر کے "شرقی" خاندان کی بنیاد ڈالی اور سکے اور خطبے میں اپنا نام جاری کیا۔ اس خاندان میں یکے بعد دیگرے چھ فرماں رواں ہوئے جنہوں نے کل ۹۷ برس حکومت کی۔ اس خاندان کے چوتھے فرماں رواں سلطان محمد بن ابراہیم شرقی نے جب ۸۶۲ھ میں انتقال کیا تو اس کی جگہ اس کے بڑے بیٹے محمود شاہ کو تخت پر بٹھایا گیا مگر وہ نالائق تھا اور امور جہاں داری کا سلیقہ نہ رکھتا تھا۔ اس لئے صرف پانچ مہینے حکومت کرنے کے بعد امراء اور اعیان

مملکت نے اس کو تخت سے اتار کر اس کے چھوٹے بھائی سلطان حسین کو تخت پر بٹھا دیا۔ سلطان حسین فن حکمرانی میں نہایت قابل تھا۔ اس نے سلطنت کا بخوبی انتظام کیا۔ اس نے دس سال حکومت کی۔ چار برس معزل رہا اور ۹۰۵ھ (۱۴۹۹ء) میں وفات پائی۔

سلطان حسین امور سلطنت کے علاوہ فن موسیقی کا ایسا ماہر تھا کہ کسی گویے کو خاطر میں نہ لاتا تھا۔

سلطان حسین نے ہندی موسیقی میں نہایت عمدہ اضافے ہی نہیں کیے بلکہ کئی راگوں میں اس نے اصلاح بھی کی ہے اور مختلف راگنیوں کے میل جول سے نئے نئے راگ اور راگنیاں ایجاد کیں۔ کتاب "راگ درپن" کے مطابق حضرت امیر خسروؒ اٹھارہ نئے راگوں کے موجد ہوئے۔ چنانچہ انہوں نے مجیر، ساز گیری، ایمن، عشاق، موافق، زیلف، فرغانہ سرپردہ، غارا، فرودست، غنم، قول، ترانہ، نگار، بسیط، شہانہ اور سہیلہ کا اضافہ کیا۔ ہندی موسیقی میں امیر نے قول، قلبانہ، نقش، گل اور ترانہ کا جو اسکول قائم کیا اس لحاظ سے وہ اس کے پہلے نائک کہے جاتے ہیں۔ اس سلسلہ میں سات نائک مشہور گزرے ہیں۔ جن میں امیر کے بعد دوسرا نمبر سلطان حسین شرقی کا ہے۔ تیسرا چنچل سین، چوتھا باز بہادر فرماں روائے مالوہ، پانچواں سورج خان قوال، چھٹا چاند خان کبیر اور ساتواں غلام رسول لکھنوی۔ ان دھنوں میں گانے کے ماہروں کو قوال کہتے ہیں۔ تمام اہل فن کے نزدیک یہ امر مسلم ہے کہ امیر خسروؒ کے بعد سلطان حسین ایسا نائک قوال نہیں ہوا۔

کانہڑا مشہور راگ ہے۔ اس کی اٹھارہ قسمیں بتائی جاتی ہیں۔ جن میں باگیسری قوالی جو گونڈ اور ملار کے میل سے خواجہ امیر خسروؒ نے بنائی اور دوسری شہانہ بھی انہی کی ایجاد ہے۔ اس صنف میں کانہڑے کی دو قسمیں شاہ حسین شرقی کی ایجاد ہیں۔ ان میں سے

ایک قسم "حسینی" ہے کنباند اور میگھ راگ سے مرکب ہے اور دوسری رعنہ جو سندورہ کافی سے مرکب ہے۔ اسی طرح یمن کی تین قسمیں یمن، ایمن اور کلیان ہیں۔ پھر کلیان کی بھی تین قسمیں شدھ کلیان، یمن کلیان اور شیام کلیان ہیں۔ اس تیسری قسم شیام کلیان کی جو قسمیں حسین شاہ نے ایجاد کی ہیں ان کے نام یہ ہیں: گورشیام، بھوپال شیام، گنبھیر شیام، ہوہو شیام، پوربی شیام، رام شیام، بسنت شیام، براری شیام اور گونڈ شیام ان میں جن جن راگوں کے نام آئے ہیں ان کو شیام کلیان کے ساتھ ملا کر ترتیب دیا گیا ہے۔ کیونکہ ہر ایک میں اس راگ کی سنگت ہے۔ اسی طرح ججج یا حجاز کے ساتھ یمن کو ملا کر انہوں نے ایک اور راگ ایجاد کیا ہے۔ ہندی موسیقی میں ٹوڑی راگنی بہت مشہور اور مقبول عام ہے۔ اس کے ساتھ اور راگوں کے سر ملا کر کل چودہ قسمیں اس کی بنائی گئی ہیں جن میں سے ٹوڑی براری امیر خسروؒ کی ایجاد ہے اور سارنگ برہنس اور نیشاپور سے بنائی گئی ہے۔ سلطان حسین نے بھی ٹوڑی کی دو قسمیں ایجاد کی ہیں۔ مثلاً نوڑی جون پوری جو مالسری اور بھیرویں سے مرکب ہے۔ رسولی ٹوڑی جو دھناسری اور ملتانی سے مرکب ہے، بہملی ٹوڑی جو گھنڈ یا بہار راگنی سے مرکب ہے۔ یہ بہت کم گائی جاتی ہے۔

اسی طرح بھیرویں کی سات قسمیں ہیں جن میں شدھ بھیرویں سلطان حسین شاہ کی ایجاد ہے۔ جس میں شدھ نام کی مشہور دھن کو بھیرویں کے ساتھ ملایا گیا ہے۔ آساوری میں جون پوری ٹوڑی کو ملا کر حسین شاہ نے ایک نئی راگنی ایجاد کی ہے جو ان کے پایہ تخت کے نام سے "جون پوری" کہلاتی ہے۔ مختلف راگوں کی ترکیب سے اور راگنیوں کی آمیزش سے سلطان نے ایسے لطیف نغمے ایجاد کئے ہیں جو ہندی موسیقی کی جان ہیں۔ گانے میں جو مسجع فقرے استعمال کیے جاتے ہیں، قدیم موسیقی کی اصطلاح میں اسکی آٹھ قسمیں ہیں جن کو کبت، من، چھند، دترو، ٹھا، پربندھ اور نربیدان کہتے ہیں۔ ان فقروں

کو تک بھی کہتے ہیں۔ ان میں سے متاخرین نے جن فقروں پر گانے کا دارومدار رکھا وہ "دھروپد" ہے جس کو عرف عام میں "دھرپد" کہتے ہیں۔ دھرپد میں چار چرن یا فقرے یا تک ہوتے ہیں۔ اول کو استائی، دوسرے کو انترا، تیسرے کو سنچائی یا بھوگ اور چوتھے کو ابھوگ کہتے ہیں۔ دھرپد کے مقابلہ میں امیر خسروؒ نے ترانہ ایجاد کیا۔ سلطان حسین نے دھرپد میں ایک نئی اور عمدہ طریقہ ایجاد کر کے رواج دیا جو آج تک مستعمل ہے۔ انہوں نے آہنگ میں تصرف کر کے اسے اور رنگین بنادیا۔ اور اس کو "خیال" کے نام سے موسوم کیا۔ اس میں انہوں نے بڑی جدت پیدا کی ہے۔ قدیم زمانے میں اس میں عموماً عشق حقیقی کا اظہار ہوتا تھا۔ ہوتے ہوتے اس میں مجازی رنگ بھی شامل ہو گیا۔ سلطان حسین نے اس کے مجازی رنگ کو اور بھی چوکھا کر دیا۔ اس میں انہوں نے دو مصرعے بے قافیہ و ضرب استعمال کیے کہ جہاں ضرب تمام ہو عشق و عاشقی اور فراق اور رزمیہ کا ذکر ہو۔ اس کا نام "چٹکلا" رکھا جو عموماً رزمیہ ہوتا ہے۔

ان تمام ایجادات سے ظاہر ہوتا ہے کہ سلطان حسین کو موسیقی میں بہت بڑا دخل تھا اور وہ اسی بنا پر فن کے مشہور نائک مانے جاتے تھے۔

استاد نعمت خاں سدارنگ

استاد نعمت خاں سدارنگ نامور بین کار تھے ۱۶۷۰ء میں پیدا ہوئے۔ مغل بادشاہ محمد شاہ رنگیلے (۱۷۱۹ء-۱۷۴۸ء) کے درباری گائک تھے۔ نعمت خاں کے والد پرمول خان بھی بین کار تھے اور میاں تان سین کے گھرانے سے تعلق رکھتے تھے۔ سدارنگ کلاسیکی موسیقی کے منفرد شاعر، اختراع کار اور موسیقار تھے اور کلاسیکی موسیقی کو ان کی سب سے بڑی دین استھائی یا خیال گانے کا انوکھا انداز تھا۔ سدارنگ کا یہ نایاب تحفہ موسیقی کے لئے ایک بے نظیر ایجاد تھی۔ یہ اختراع اس قدر مقبول ہوئی کہ ہر فن کار اور گھرانے کے

موسیقار نے اس کو اپنایا۔ سدارنگ کے بعد اور بھی کئی دانش وروں نے خیال گائکی میں مزید اختراعیں کیں جن میں بڑے میاں محمد خان (قوال بچہ وفات ۱۸۴۰ء) کا نام فہرست ہے۔ سدارنگ کے زمانہ تک بھارتی سنگیت میں دھرپد، ہوری، چھند، پربندھ، استھائی یا خیال قسم کی چیزیں گائی جاتی تھیں جن میں سب سے زیادہ مقبول استھائی یا خیال تھا۔

سوال یہ پیدا ہوتا ہے کہ اس ماحول میں سدارنگ کو گائکی کے انداز میں اختراع کرنے کی سوچ اور جستجو کیوں ہوئی؟ اس سلسلہ میں ہمارے پاس تین روایتیں ہیں جو مختلف کتابوں سے حاصل کی گئی ہیں۔

ایک روایت کے مطابق سدارنگ کی کسی دوسرے درباری موسیقار سے تکرار ہوگئی جو ان کے گانے پر اعتراض کیا کرتا تھا اور کہا کرتا تھا کہ سدارنگ کو بڑے دھرپد تو یاد ہی نہیں بلکہ ان دھرپدوں کی تو اس کو ہوا ہی نہیں لگی۔ لیکن خیال گائکی کی باتیں بہت کرتا ہے۔ اس قسم کی باتیں اور نکتہ چینی کے باعث سدارنگ کو استھائی یا خیال میں جدت پیدا کرنے کا خیال آیا اور انہوں نے اس فن کار کو جواب دیا کہ اللہ تعالیٰ کے کرم سے ایسی ایجاد کروں کہ ہندوستان میں گائکی کا انداز ہی بدل جائے گا اور ایسا ہی ہوا۔

دوسری روایت اس سلسلہ میں یہ ہے کہ چونکہ سدارنگ کا مقام درباری فن کاروں میں بہت بلند تھا۔ لہٰذا دوسرے گویے ان سے حسد کرتے تھے۔ اسی دربار میں ایک نام ور سارنگی نواز بھی تھے چنانچہ درباری گویوں نے اس موقع سے فائدہ اٹھا کر محمد شاہ سے کہا کہ اگر بین اور سارنگی اکٹھی بجائی جائے تو یہ ایک نیا اور انوکھا رنگ ہوگا۔ بادشاہ نے حکم صادر کر دیا لیکن سدارنگ نے انکار کر دیا جس کی وجہ سے ان کی گرفتاری کا حکم دے دیا گیا لیکن نعمت خان دلی سے بھاگ کر متھرا چلے گئے اور روپوش ہوگئے۔ اسی ماحول میں انہوں نے شاگرد بنائے اور ان کو دل کھول کر تعلیم دی۔ اپنی استھائیوں میں سدارنگ کا

تخلص استعمال کیا اور بادشاہ کا نام بھی شامل کیا اور اس طرح ان کے بولوں میں سدا رنگ محمد شاہ یا محمد شاہ سدا رنگ کا تخلص شامل ہوا۔ جب شاگرد تیار ہو گئے تو ان کو خفیہ طور پر دہلی لایا گیا اور کسی ترکیب سے دربار میں پیش کیا۔ بادشاہ کے حکم پر شاگردوں نے گانا گایا۔ خیالوں کے بولوں میں بار بار سدا رنگ کا تخلص ہونے سے بادشاہ نے پوچھا کہ سدا رنگ کون ہے۔ جب پتا چلا کہ سدا رنگ ان کے استاد نعمت کا تخلص ہے تو بادشاہ کو تمام واقعہ یاد آ گیا اور اس نے سدا رنگ کو دربار میں بلایا، قصور معاف کر دیا اور انعام سے نوازا۔

تیسری روایت کے مطابق بادشاہ نے سدا رنگ کو شاہی حرم کی لڑکیوں کو گانا سکھانے کا حکم دیا، اس وقت سدا رنگ نے سوچا کہ دھرپد کے چاروں مثلاً استھائی، انترا، سنچاری اور ابھوگ کو دو حصوں میں یعنی استھائی اور انترے پر مشتمل کر کے لڑکیوں کو سکھایا جائے۔ چنانچہ انہوں نے استھائی میں سے دھرپد اور ہوری میں سے بول تانیں لے کر ایک مرکب بنایا۔ جس سے ان کا ٹھاٹھ اور بھی شاندار ہو گیا۔ پھر آہستہ آہستہ اس چیز میں راگ کی بڑھت بھی شروع کر دی جو بادشاہ کو بہت پسند آئی اور ہر خاص و عام میں مقبول ہوئی۔ اس کے ساتھ اور بھی نئی ترکیبیں مثلاً سروں کا اتار چڑھاؤ، گانے کے بولوں کو گھٹا اور بڑھا کر خوب صورتی کے ساتھ سم پر لانا، راگ کے کسی سر پر ٹھہرنا اور دل کش باتیں نکالنا، ٹیپ کی آواز پر زیادہ سے زیادہ ٹھہرنا، خوبصورتی اور نکھار کے لئے، مرکی، پھندا، گمک، مینڈھ، گھسیٹ وغیرہ کا استعمال کیا۔ یہ تمام چیزیں بلمپت میں ادا کرنے کے بعد مدھیہ لے میں اور پھر درت لے میں بھی پوری طرح ظاہر کرنا اس کے علاوہ دھرپد کا تال یعنی مردنگ میں بجائے جانے والے ٹھیکے چھوڑ دیئے۔ دائیں بائیں سے بجنے والے ٹھیکوں میں استھائیاں بٹھائیں۔

سدا رنگ نے اپنی استھائیاں مختلف زبانوں میں بھی لکھیں۔ مثلاً برج بھاشا،

راجھستانی، فارسی وغیرہ۔ اس میں کوئی شک نہیں کہ موسیقی کے میدان میں سدارنگ کا کوئی ثانی نہیں اور ان کا ترتیب دیا ہوا انداز ہمیشہ زندہ اور مقبول رہے گا۔ استاد مکرم ۱۷۴۳ء میں فوت ہوئے اور دہلی میں سپرد خاک ہوئے۔

ماخوذ از کتاب: "کیا صورتیں ہوں گی" (فنِ موسیقی پر معلومات افزا اور نایاب مضامین کا مجموعہ)
تالیف: پروفیسر شہباز علی

***

ہندوستانی فلموں کی زبان

مولوی محشر عابدی

غیر منقسم ہندوستان کی سابق ریاست حیدرآباد دکن سے، سید سعد اللہ قادری میڈل کمیٹی کے زیر اہتمام ایک پندرہ روزہ اردو فلمی رسالہ بنام "فلم" سن ۱۹۳۹ میں جاری کیا گیا۔ جس کی قیمت فی پرچہ دو آنے اور سالانہ خریداری ۴روپے مقرر کی گئی تھی۔ ۲۰/مارچ ۱۹۳۹ کو پہلا شمارہ شائع کیا گیا جس نے ریاست حیدرآباد کے علاوہ ہندوستان اور ہندوستان سے باہر بھی مقبولیت حاصل کی اور لندن، جرمنی، امریکہ، برما، عدن، سیلون اور سنگاپور سے رسالے کی ایجنسیوں کے آرڈر ناشر کو موصول ہوئے۔

رسالے کا اولین شمارہ ایک مخصوص موضوع "فلموں کے لیے موزوں ترین زبان" پر مبنی تھا جس پر ادارہ کو متعدد مضامین موصول ہوئے اور مدیر نے وضاحت کی کہ رسالے کے اگلے شمارے اسی مبحث سے مختص رہیں گے۔

ہندوستان ایک ملک نہیں ہے، بلکہ یہ بہت سے چھوٹے چھوٹے ممالک کا ایک مجموعہ ہے، یہ ممالک اپنی معاشرت، جغرافیائی حالات، قومیت، تمدن، تہذیب اور زبان کے لحاظ سے ایک دوسرے سے مختلف ہیں۔ چنانچہ اگر صرف زبان کے نقطہ نظر سے دیکھا جائے تو معلوم ہوگا کہ ہندوستان میں بھانت بھانت کی بولیاں اور قسم قسم کی زبانیں پائی جاتی ہیں۔ مثلاً بنگالی، ہندی، پنجابی، سندھی، گجراتی، مرہٹی، تلنگی، تامل، کنٹری وغیرہ۔

یہ سب زبانیں جیسا کہ ان کے نام سے ظاہر ہوتا ہے خاص خاص صوبوں میں بولی اور سمجھی جاتی ہیں۔ مثلاً گجراتی، گجرات اور بمبئی وغیرہ میں بنگالی، بنگال میں اور پنجابی پنجاب میں مرہٹی صوبہ متوسط وبرار میں۔ تلنگی، ٹامل وغیرہ دکن اور جنوبی مشرقی حصوں میں۔ ان صوبہ داری زبانوں کے ساتھ ساتھ دو اور زبانیں بھی ہر صوبہ میں رائج ہیں، ایک انگریزی جو صرف ایک مختصر اور مخصوص تعلیم یافتہ طبقہ میں بولی جاتی ہے اور دوسری اردو یا ہندوستانی جو عوام میں کثرت سے بولی اور سمجھی جاتی ہے۔ اور در حقیقت یہی وہ زبان ہے جو ہندوستان کی عام زبان (لنگوا فرانکا) کہلائی جاتی ہے اور اس کے بولنے والے ہندوستان کے شمال سے جنوب اور مشرق سے مغرب تک پائے جاتے ہیں۔

یہ فطرت کا ایک اصول ہے کہ ہر شے اپنے ماحول سے متاثر ہوتی ہے اور اس لئے فلم کمپنیوں کے لئے بھی یہ امر ناگزیر تھا کہ وہ صوبہ داری زبانوں کے اثرات قبول نہ کرتیں، اور یہی وجہ ہے کہ فلموں میں بھی مختلف قسم کی زبانیں اختیار کی گئی ہیں۔ اور ہندوستانی اردو زبان کی فلموں کے علاوہ مرہٹی، تلنگی، بنگالی، اور ٹامل زبان میں بھی فلمیں تیار کی گئی ہیں، جو صرف خاص خاص صوبوں تک محدود ہوتی ہیں۔

لیکن اب سوال یہ پیدا ہوتا ہے کہ ہندوستانی فلموں کی عام زبان کیا ہونی چاہئے، اور فلم کمپنیوں کو کون سی زبانیں زیادہ فائدہ پہنچا سکتی ہیں؟

اس کا صرف ایک ہی جواب ہے اور وہ یہ کہ اردو ہی ایک ایسی زبان ہے۔ میرا یہ دعوی کہاں تک صحیح ہو سکتا ہے اس کو جانچنے کے لئے آپ فلموں کی زبان پر ناقدانہ نظر ڈال کر دیکھئے۔

صوبہ داری زبانوں کی فلمیں صرف خاص خاص صوبوں تک محدود ہوتی ہیں اور ان سے اسی صوبہ کے باشندے لطف اندوز ہو سکتے ہیں۔ مثلاً بنگالی زبان کی فلمیں صوبہ، بنگال

کی حد تک کامیاب ہو سکتی ہیں، پنجاب، یا یو۔ پی یا دکن میں اس زبان کو کوئی نہیں سمجھ سکتا۔ اور ظاہر ہے کہ جب تک فلم کی زبان عوام کی سمجھ میں نہ آئے وہ اس سے کیا فائدہ اٹھاسکتے ہیں۔ یا انہیں اس سے کہاں تک لطف اندوز ہونے کا موقع ملے گا۔ اسی طرح ہندی زبان کی فلمیں جن میں بالخصوص سنسکرت کے الفاظ کی کثرت ہو، صرف یو، پی ہی کی حد تک چل سکتی ہیں۔ وہ بھی صرف اعلی تعلیم یافتہ طبقہ میں، عام ان پڑھ اور دیہاتی اس ہندی کو نہیں سمجھ سکتے۔ ایسی ہندی زبان کی فلمیں پنجاب، مدراس اور دوسرے صوبوں میں کچھ زیادہ مفید اور کامیاب نہیں ہو سکتیں۔ اسی طرح مرہٹی اور گجراتی زبانوں کو بھی لیا جاسکتا ہے جو سوائے گجرات سی۔ پی اور بمبئی کے اور کسی صوبہ میں قطعی نہیں بولی جاتیں، اور نہ ان زبانوں کی فلمیں دوسرے صوبوں میں چل سکتی ہیں۔

ان امور کو پیش نظر رکھتے ہوئے کیا فلم کمپنیوں کے لئے یہ امر ضروری نہیں ہے کہ وہ ایسی فلمیں تیار کریں جن کی زبان ہندوستان کے ہر صوبہ میں تعلیم یافتہ اور ان پڑھ لوگ بھی سمجھ سکیں؟ یقیناً اگر تعصب کی عینک ہٹا کر دیکھا جائے تو معلوم ہو گا کہ اسی زبان کی فلمیں کمپنیوں کو زیادہ سے زیادہ فائدہ پہنچا سکتی ہیں جو ہر صوبہ میں آسانی سے سمجھی جاسکیں، اور یہ زبان صرف اردو ہو سکتی ہے، ہندوستان کے کسی صوبہ میں چلے جائے، خواہ وہ بمبئی میں ہو یا پنجاب، بنگال ہو یا یو۔ پی ہر جگہ آپ کو اردو زبان کے جاننے اور بولنے والے ملیں گے اور آپ ہر صوبہ میں اردو کے ذریعہ تبادلہ خیال کر سکیں گے۔ لیکن نہ تو کسی دوسری صوبہ داری زبان مین آپ اپنا کام چلا سکتے ہیں اور نہ آپ کی ہندی آپ کی مشکل آسان کر سکتی ہے۔

فلم کمپنیاں صوبہ داری زبانوں میں جو فلمیں تیار کرتی ہیں وہ صرف ایک یا زیادہ سے زیادہ دو صوبوں میں چل سکتی ہیں اور ان فلموں سے کمپنیوں کو جو آمدنی ہو گی وہ بھی محدود

اور تھوڑی ہوگی۔ اس کے بر خلاف جو فلمیں اردو زبان میں تیار کی جائیں گی وہ ہندوستان کے ہر صوبہ میں کامیابی سے چلیں گی اور اس طرح تمام صوبوں سے جو آمدنی ہوگی وہ اس فلم کی آمدنی سے کئی گونہ زیادہ ہوگی جو صرف صوبہ داری زبان میں تیار کی گئی ہوگی۔ پھر اس نقطہ نظر سے کون سی فلم کمپنی ایسی ہے جو یہ نہ چاہے گی کہ وہ زیادہ سے زیادہ دولت حاصل کرے اور اپنی فلموں سے ممکنہ منافع وصول کرے؟

میں یہ نہیں کہتا کہ صوبہ داری زبانوں میں فلمیں تیار ہی نہ کی جائیں۔ نہیں صوبہ داری ذوق اور ضروریات کے پیش نظر ان کی زبانوں میں فلمیں تیار کی جائیں لیکن جو فلمیں سارے ہندوستان کے لئے تیار کی جاتی ہیں ان کی زبان نہایت آسان اور عام فہم اور یہ کوشش کی جائے کہ ہندوستان کا ۹۹ فی صد طبقہ اس کو سمجھ سکے۔

اس سے انکار نہیں ہو سکتا کہ اب ہندوستان کی فلم کمپنیوں نے اس طرف توجہ کی ہے اور وہ ہندوستانی زبان میں ۹۵ فی صدی فلمیں تیار کرنے لگی ہیں۔ لیکن یہ ہندوستانی زبان خالص ہندوستانی اردو نہیں ہوتی۔ اور محض تعصب کی بنا پر اس کو مشکل بنا دیا جاتا ہے اور اس میں سنسکرت کے الفاظ اس کثرت سے ٹھونس دئے جاتے ہیں کہ وہ عام لوگوں کی سمجھ سے بہت بالاتر ہو جاتی ہے۔ اسے ہندوستان کا ۹۵ فیصد طبقہ سمجھ نہیں سکتا۔ اور اس کا لازمی نتیجہ یہ ہوتا ہے کہ فلم خواہ کتنی ہی اچھی کیوں نہ ہو محض زبان کے سمجھ میں نہ آنے سے اس کی کامیابی خطرے میں پڑ جاتی ہے اور اس سے فلم کمپنیاں حسب منشاء فائدہ نہیں اٹھا سکتیں۔ ان باتوں کو پیش نظر رکھتے ہوئے ضرورت اس امر کی ہے کہ فلموں میں مکالمہ۔۔۔ کی طرف زیادہ توجہ کی جائے اور اسے آسان اور عام فہم بنانے میں کوئی کسر اٹھا نہ رکھی جائے، روز مرہ کا استعمال مکالموں میں نہایت ضروری ہے، شاعرانہ تشبیہات اور استعارے بہت کم استعمال ہوں اور اگر استعمال بھی کئے جائیں تو

آسان اور سلجھے ہوئے ہوں۔ یہ کہنا غلط نہ ہوگا کہ ہندی زبان جس کو یو۔ پی کے چند پڑھے لکھے لوگ بولتے اور سمجھتے ہیں فلموں کی عام زبان نہیں بن سکتی کیونکہ یہ ہندوستان کے ہر صوبہ میں آسانی سے سمجھی اور بولی نہیں جاتی۔ میرے اس دعوئے کا ثبوت کہ اردو ہر صوبہ میں بولی اور سمجھی جاتی ہے اور اردو ہی وہ زبان ہے جو ہندوستان میں سب سے زیادہ بولی جاتی ہے، اس طرح مل سکتا ہے کہ آپ خود ہندوستان کے مختلف صوبوں میں جاکر دیکھیں اور اردو بولنے والوں کے اعداد و شمار حاصل کریں۔

اب یہاں ایک سوال پیدا ہوتا ہے کہ فلموں کی زبان کا معیار کیا ہونا چاہئے اور اس میں کسی قسم کی زبان کو ترجیح دی جائے؟ اس سوال کے جواب میں میں چند فلموں کی زبان پر مختصراً تبصرہ کروں گا۔ تاکہ فلموں خی زبان کا معیار قائم ہو سکے۔

اگر آپ نے نیو تھیٹرز بمبئی ٹاکیز، منروا مویٹون، ایسٹ انڈیا اور ساگر کی فلمیں دیکھی ہیں تو آپ خود اس کا فیصلہ کر سکتے ہیں کہ وہ کون سی فلمیں تھیں جن کی زبان کو ہر شخص نے پسند کیا۔ جن کی زبان ملک کے ہر صوبے میں سمجھی گئی اور جنہوں نے ملک کے ہر گوشے سے خراج تحسین وصول کیا۔

وہ عام فہم آسان، دلکش اور پیاری زبان آپ کو "دیوداس" (نیو تھیٹرز) جوانی کی ہوا (بمبئی ٹاکیز) دھوپ چھاؤں (نیو ٹھیٹرز) کروڑ پتی (نیو ٹھیٹرز) پریزیڈنٹ (نیو ٹھیٹرز) ادھیکار (نیو ٹھیٹرز) خان بہادر اور جیلر (منروا) من موہن (ساگر) ایک دن کی بادشاہت (ایسٹ انڈیا) جیون نیا (بمبئی ٹاکیز) بھابی (بمبئی ٹاکیز) دنیا نہ مانے (پربھات) اس نے کیا سوچا، باغبان، تلاش حق وغیرہ میں ملتی ہیں۔ ان فلموں میں سے دیوداس، دھوپ چھاؤں، کروڑپتی، خاں بہادر، من موہن، جوانی کی ہوا اور دنیا نہ مانے، محض اپنی زبان کی صفائی سادگی اور دلکشی کی وجہ سے سارے ہندوستان میں غیر معمولی طور پر

کامیاب ہوئیں، اور پسند کی گئیں۔ اور مالکان کمپنی کو امید سے زیادہ فائدہ ہوا۔ آپ اگر غور سے دیکھیں تو معلوم ہو گا کہ ان فلموں خی زبان خالص ہندوستانی (اردو) ہے۔ اور یہی وہ زبان ہے جو ہندوستانی کی فلموں کی عام زبان ہونی چاہئے۔ ان فلموں کی زبان کو آپ سمجھتے بھی ہیں اور ساتھ ہی ساتھ ان سے زیادہ سے زیادہ لطف بھی اٹھاتے ہیں۔ فلم دھوپ چھاؤں (نیو تھیٹرز) سے جو اردو زبان میں تھی، مالکان کمپنی کو جس قدر آمدنی ہوئی ہے۔ وہ ان کی توقعات سے کئی گونہ زیادہ تھی۔ اور صرف صوبہ بمبئی میں اس فلم کی آمدنی ایک لاکھ سے متجاوز ہو چکی تھی۔

ان فلموں کی چند مثالیں ذیل میں دی جاتی ہیں جن کی زبان سنسکرت کی زیادتی کی وجہ سے عام لوگوں کے لئے زیادہ دشوار بن گئی ہے اور وہ بہت مشکل قسم کی ہندی کہلاتی ہے جسے صرف تھوڑے سے تعلیم یافتہ لوگ سمجھ سکتے ہیں۔ یہی وجہ ہے کہ ودیاپتی جیسی بلند پایہ فلم بھی کچھ زیادہ کامیاب نہیں ہوئی۔ پربھات کی فلمیں مثلاً امرت منتھن، امر جیوتی، وہاں وغیرہ (نیو تھیٹرز) کی فلمیں پورن بھگت، چنڈی داس، پجارن وغیرہ رنجیت کی فلمیں، ایسٹ انڈیا کی فلمیں، بالخصوص سیتا وغیرہ بمبئی ٹاکیز کا وچن ان کے علاوہ ہندوستان کی بے شمار فلم کمپنیاں ایسی ہیں جو عام فہم زبان کو خواہ مخواہ سنسکرت اور ہندی کے غیر مانوس الفاظ کی بھرمار سے مشکل اور ناقابل فہم بناتی ہیں، اور روز مرہ کی عام زبان اردو کو ترک کر کے ایک نئی زبان پیش کرتی ہیں۔ جو نہ تو ہندوستانی ہوتی ہے، نہ اردو نہ ہندی۔

چند ایسے الفاظ جو روز مرہ میں استعمال نہیں ہوتے اور صرف فلموں میں داخل کئے جاتے ہیں یہ ہیں، سہائتا، آشیرباد، وشا، شکتی، آتما، پراشچت، بھگتی، شوبھ، سنتوش، کارن، سیناپتی، مہامنتری، شکشا، بلیدان، اپسرا، کشالیش، شبد وغیرہ بعض فلموں کے مکالموں میں اکثر بڑے بڑے عربی اور فارسی کے الفاظ آجاتے ہیں جو عام لوگوں کے لئے کسی قدر

مشکل ہو جاتے ہیں اس لئے ایسے الفاظ کے استعمال سے بھی حتی الامکان مکالمہ نہ کرنا چاہیئے مثلاً گلشن بے خزاں کی بہار، عرضداشت، تشریف، عقلمند، حرف غلط، موجوں کا ترنم، نسیم کے جھونکے وغیرہ۔

گانے عموماً آسان ہندی ملی ہوئی اردو میں زیادہ پسند کئے جاتے ہیں۔ اس لئے کہ ان کے راگوں میں ایک دلکشی اور ایک میٹھاس ہوتی ہے اور یہ آسانی سے سب کی سمجھ میں آجاتے ہیں۔ مثلاً بمبئی ٹاکیز کے بھابی نامی فلم کا ایک گانا درج ذیل ہے اس سے اندازہ کیا جاسکتا ہے

بن تتلی۔ بن تتلی

میں پھول پر جاتی رس پاتی اڑ جاتی، بن تتلی، بن تتلی

اک پھول سے بات بتاتی، دوجے کو رنگ روپ دکھاتی، دونوں سے رس پاتی، اڑ جاتی ،بن تتلی۔

ایک دو، تین چار، پانچ چھے، سات، آٹھ، سب کو دیتی ایک ہی پاٹھ، مسکاتی، من بھاتی، رس پاتی اڑ جاتی۔

بن تتلی یادو دیاپتی میں کے۔ سی ڈے (مدھوسوون) ایک جگہ گاتا ہے۔ گوکل سے گئے گردھاری، ہوئی سونی نگری ساری، جت دیکھو ات چھائی اداسی، روت ہیں نرناری وغیرہ۔

فلموں میں غزلیں بھی گائی جاتی ہیں، لیکن اکثر غزلیں مشکل ہوتی ہیں اور ضرورت اس بات کی ہے کہ ان کو آسان بنا کر پیش کیا جائے، مثلاً یہودی کی لڑکی میں غالب کی ایک غزل جس کا پہلا مصرعہ یہ ہے:

نکتہ چیں ہے غم دل اس کو سنائے نہ بنے کیا بنے بات جہاں بات بنائے نہ بنے

عام فہم نہیں ہے اور صرف تعلیم یافتہ طبقہ ہی اس سے لطف اندوز ہو سکتا ہے۔ اسی طرح اس نے کیا سوچا؟ نامی فلم میں غالب کی ایک غزل کو کئی افراد نے گایا ہے، جس کا شعر یہ ہے:

ہم وہاں ہیں جہاں سے ہم کو بھی کچھ ہماری خبر نہیں آتی ہے

ذرا دشوار ہے۔ البتہ مندرجہ ذیل غزل جو پجارن (نیو ٹھیٹرز) سے لی گئی ہے بہت آسان ہے

جو بیت چکی، سو بیت چکی اب اس کی یاد ستائے کیوں خوش رہنے والی صورت پر اچنتا کی بدلی چھائے کیوں

پھولوں سے جس کو نفرت ہو اس کی خوشبو سے وحشت ہو جس دل کی مچلنا عادت ہو پھر کوئی اسے بہلائے کیوں

آخر میں میں مسٹر سدرشن (نیو ٹھیٹرز) کے مکالمہ نویس اور فسانہ نگار کے ایک مضمون ہندوستانی فلموں کی زبان، (مطبوعہ عکاس کلکتہ جنوری ۳۶ء) کا اقتباس درج کر کے ختم کرتا ہوں، مسٹر سدرشن نے بھی فلموں کی زبان وہی بتائی ہے جس کو اوپر بیان کیا جا چکا ہے۔ وہ کہتے ہیں۔

"ہمیں ہندوستان کے لئے اس وقت ایک ایسی آسان زبان کی ضرورت ہے جس میں نہ فارسی اور عربی کے ادق الفاظ کی بھرمار ہو نہ سنسکرت کے موٹے موٹے اور ثقیل شبدوں کی ٹھونس ٹھانس، آسان اور حسین الفاظ دونوں زبانوں سے لے لئے جائیں۔ مشکل اور بھدے الفاظ دونوں زبانوں کے ٹھکرا دیئے جائیں اور اس طرح ایک ایسی زود فہم اور آسان زبان تیار کر لی جائے جو ہندوستان کے بچے بچے کے منہ میں بیٹھ سکے۔ یہی ہندوستانی ہماری فلمی زبان ہونی چاہئے، میرا دماغ یہ سمجھنے سے قاصر ہے کہ ایسی ملی جلی اور

حسین زبان کے اوپر کسی کو اعتراض کی انگلی اٹھانے کی کیونکر جرات ہو سکتی ہے۔ ایک ہندی پریمی کہتا ہے؟

"اسیتھ بھاشن کے پاٹھ کوئی تم سے پڑھ لے۔ مجھے کس کس پر کار ٹھگتے رہے ہیں کہتے تھے ہم پاشان کے بیوپاری ہیں۔"

مگر اسے کئے فی صدی مسلمان سمجھیں گے؟ کوئی اردو کا عاشق اس خیال کو ان الفاظ میں ظاہر کرے گا۔

"کذب و افترا کے اسباق کوئی تم سے پڑھ لے، مجھے انواع و اقسام کے طریقوں سے گمراہ کرتے رہے ہیں۔ کہتے تھے ہم پتھروں کے تاجر ہیں۔"

اب بتائیے اسے عام ہندو سمجھ سکتا ہے؟

مگر ہندوستانی زبان اسے یوں کہے گی۔

"جھوٹ بولنا کوئی آپ سے سیکھ لے، مجھے کیسے کیسے دھوکے دیتے رہے ہیں، کہتے تھے ہم پتھروں کے سوداگر ہیں۔"

یقیناً اسے ہندو اور مسلمان دونوں سمجھ سکتے ہیں۔ دونوں کو کسی لفظ کے معنے پوچھنے کی ضرورت نہیں پڑتی۔ اور دونوں کے لئے زبان کا چٹخارہ بھی اس میں موجود ہے۔"

مسٹر سدرشن کی ہندوستانی کو ہم آسان اور عام فہم اردو کہتے ہیں۔ اور یہی ہماری فلموں کی زبان ہونی چاہئے۔

***

بسنت تہوار اور پتنگ بازی

یاسر محمد خان

شہنشاہ ظہیر الدین بابر ہندوستان پہنچا تو اس نے مقامی لوگوں کو ایک عجیب تہوار مناتے دیکھا۔ اس نے دیکھا لوگ بہار کے پہلے پیلے رنگ کے کپڑے پہنتے، ڈھول بجاتے اور ناچتے ہیں۔ بابر یہ تہوار دیکھ کر حیران رہ گیا۔ اس نے تحقیق کرائی تو معلوم ہوا مقامی لوگ اسے استقبال بہار کا تہوار کہتے ہیں۔ مقامی زبان میں اس تہوار کا نام "بسنت" تھا۔ بابر نے اس تہوار کو پسندیدگی کی نظر سے دیکھا۔ آنے والے دنوں میں مغل شہزادیاں بھی یہ تہوار مناتی رہیں۔

بسنت کا آغاز:

بسنت کا آغاز ہندوستان کے دو صوبوں میں ہوا، اتر پردیش اور پنجاب۔ مورخین یہ طے نہیں کر سکے کہ بسنت پہلے اتر پردیش میں منائی گئی یا پھر پنجاب میں۔ تاہم پیلے رنگ کی مناسبت سے قرین قیاس اس تہوار کی جائے پیدائش پنجاب ہے۔ یہ تہوار جس وقت منایا جاتا تھا وہ سرسوں پھولنے کا موسم ہوتا تھا۔ پنجاب کے کھیتوں میں سرسوں کے پھول لہلہا رہے ہوتے تھے، سرسوں کے پھول پیلے رنگ کے ہوتے ہیں، تہوار منانے والے بھی کیونکہ پیلے رنگ کے کپڑے پہنتے تھے لہذا مورخین کا خیال ہے اس تہوار کا سرسوں سے گہرا تعلق ہے۔ پنجاب کے لوگ سرسوں پھولتے ہی اپنے مال مویشی باڑوں سے نکال

کر صحنوں میں باندھنا شروع کر دیتے تھے ، بھاری لحافوں کی جگہ ہلکی رضائیاں اور گرم چادروں کی جگہ بغیر بازوؤں کے سوئٹر لے لیتے ہیں۔ کچھ مورخین کا خیال ہے بسنت سردی کے اختتام اور موسم بہار کی آمد کا تہوار ہے۔ وہ اس ضمن میں ہندی کی ایک ضرب المثل بطور ثبوت پیش کرتے ہیں:

"بسنت، پالا اڑنت "یعنی بسنت آئی اور سردی اڑ گئی۔

یہ تہوار پنجاب سے اتر پردیش کیسے پہنچا اور اتر پردیش سے پھر آگے ہندوستان کے باقی حصوں تک اس کی رسائی کیسے ہوئی ؟ اس کے بارے میں تاریخ خاموش ہے۔ شاید اس کی بڑی وجہ یہ ہو کہ یہ تہوار ہندوستان میں کبھی قومی تقریب کی شکل اختیار نہیں کر سکا۔ یہ سچ ہے یہ ہر دور میں منایا جاتا رہا، لیکن ملک گیر سطح پر کبھی اسے پذیرائی حاصل نہ ہو سکی، اس لئے آج تک کسی نے پوری سنجیدگی سے اس کی جڑوں، اس کی اوریجن کے بارے میں تحقیق نہیں کی لیکن یہ بات طے ہے کہ ہندوستان میں اشوک کا دور ہو، بابر بہادر شاہ ظفر کا عہد، بسنت ہر دور میں کم اہم اور غیر مقبول تہوار رہا ہے۔ شروع شروع میں اسے پنجاب کے کسان، اتر پردیش کے دہقان اور مدراس کے غریب ہاری مناتے تھے۔ مغلوں نے اس کی سرپرستی کی تو یہ امراء کے محلات سے باہر نہ نکل سکا۔

بسنت مذہبی تہوار کیسے بنا؟

اورنگ زیب عالمگیر کے دور میں ایک عجیب واقعہ پیش آیا۔ اس واقعے نے بسنت کو تاریخ میں پہلی بار ثقافتی سے مذہبی تہوار میں تبدیل کر دیا۔ اورنگ زیب کے دور میں حقیقت رائے نام کے ایک لڑکے نے رسول پاک صلی اللہ علیہ وسلم کی ذات پر رکیک حملہ کیا۔ مسلمانوں نے اسے مغلظات بکتے ہوئے پکڑ لیا، ملزم کو عدالت میں پیش کیا گیا، قاضی نے جرم ثابت ہونے پر حقیقت رائے کو سزائے موت سنا دی۔ حقیقت رائے پھانسی کی

سزا پا کر ہندوؤں کا مذہبی ہیرو بن گیا، جس دن حقیقت رائے کو پھانسی دی گئی ہندوؤں نے پیلے رنگ کے کپڑے پہنے، حقیقت رائے کی لاش اٹھائی اور گاتے بجاتے اسے شمشان گھاٹ تک لے گئے۔ مسلمانوں نے اسے توہین آمیز قرار دیا لیکن ہندوؤں نے پیلے کپڑوں اور رقص و سرور کو بسنت کہہ کر جان بچائی، اگلے سال ہندوؤں نے حقیقت رائے کی برسی منائی اور اس برسی پر پیلے کپڑے پہن کر اور ناچ گا کر حقیقت رائے سے اپنی وابستگی اور عقیدت کا اظہار کیا۔ بعض مورخین کا خیال ہے بسنت کے تہوار پر پہلی پتنگ بھی حقیقت رائے کی سمادھی پر ہی اڑائی گئی تھی۔

پتنگ بازی کی تاریخ:

یہاں یہ سوال پیدا ہوتا ہے کہ کیا ہندوستان میں اس سے پہلے پتنگ موجود تھی؟ کیا بسنت کے تہوار پر پتنگ بازی بھی ہوتی تھی؟ جہاں تک پتنگ کے وجود کا سوال ہے، ہندوستان میں پتنگ بازی کا فن صدیوں سے موجود تھا۔ پتنگ کی ایجاد کا سہرا دو قوم لیتی ہیں:

چینی اور مصری۔

چینیوں کا دعوی ہے پہلی پتنگ ۴۰۰ سال قبل مسیح میں چین میں بنائی اور اڑائی گئی۔ اس کے بعد چین کی اشرافیہ اپنے اکثر تہواروں اور تقریبات میں پتنگیں اڑاتی تھی۔ شاہی خاندان پتنگ سازوں کی باقاعدہ حوصلہ افزائی کرتا تھا، اس دور میں پتنگ سازی کے ماہرین کو دربار میں عہدہ دیا جاتا تھا۔ چینوں کے برعکس مصریوں کا دعوی ہے کہ پتنگ سازی فراعین کے دور میں موجود تھی، اس ضمن میں وہ اہراموں سے برآمد ہونے والی تصاویر اور بت بطور ثبوت کرتے ہیں۔ ان تصاویر میں فرعون کو پتنگیں اڑاتے دکھایا گیا

تھا۔ مصریوں کا کہنا تھا یہ فن مصری جہاز رانوں یا تاجروں کے ذریعے چین پہنچا، چینی بادشاہوں نے اسے شرف قبولیت بخشا اور یوں پتنگیں چین میں رائج ہو گئیں۔

مصر میں چونکہ پتنگ بازی صرف شاہی خاندان تک محدود تھی لہذا اسے شاہی کھیل سمجھا جاتا تھا اور عام آدمی کو یہ کھیل کھیلنے کی اجازت نہیں تھی، چنانچہ وہاں یہ کھیل کھل کر سامنے نہ آ سکا جب کہ چین میں بادشاہوں نے اسے عام کر دیا۔

یوں پتنگ چینیوں کی ایجاد محسوس ہونے لگی، اگر ہم مصریوں کے دلائل تسلیم کر لیں تو پھر پتنگ بازی کی تاریخ پانچ ہزار سال قبل مسیح ہے، لیکن یہ بات بھی حقیقت ہے کہ پتنگ چین سے ہو کر ہی برصغیر اور پھر یورپ پہنچی، برصغیر میں پتنگ بازی اور پتنگ کو بطور صنعت قائم کرنے کا اعزاز بودھ مت کے پیروکاروں کو حاصل ہے۔

بدھ بھکشو پہلی پتنگ ہندوستان لے کر آئے، ہندوستان کے باسیوں کے لئے یہ ایک بالکل نئی اور حیران کن چیز تھی، لہذا یہ بڑی تیزی سے پورے ہندوستان میں رائج ہو گئی اور ہندو راجوں اور مہاراجوں نے اس کی پذیرائی کی، اپنی نگرانی میں پتنگیں تیار کرائیں، پتنگیں اڑانے کے لئے ٹیمیں بنائیں اور پھر عوام کو یہ میچ دیکھنے کی دعوت دی۔

موسمی کھیل:

شروع شروع میں پتنگیں ہر موسم میں اڑائی جاتی تھیں لیکن پھر تجربے سے معلوم ہوا یہ بھی ایک موسمی کھیل ہے۔ یہ کھیل موسم سرما میں ہوا کی کمی، برسات میں ہوا میں موجود نمی اور موسم گرما میں تیز دھوپ اور آندھی اور طوفان کے باعث نہیں کھیلا جا سکتا۔ اس کے لئے مناسب ترین موسم بہار ہے، اس موسم میں کیونکہ ہوا میں نہ تو حد سے

زیادہ نمی ہوتی ہے اور نہ ہی تیزی، یہ کھیل کھیلنے والے بھی موسم کی شدت سے بڑی حد تک محفوظ رہتے ہیں۔

چنانچہ پتنگ بازی بھی موسم بہار میں شروع ہوگئی۔ اب بہار میں کھیل ہونے لگے ایک بسنت اور دوسری پتنگ بازی۔ گو یہ دونوں کھیل بہار میں کھیلے جاتے تھے لیکن ایک طویل عرصے تک الگ الگ رہے۔ پھر حقیقت رائے کا معاملہ ہوا اور تاریخ میں پہلی بار بسنت اور پتنگ ایک ہی شخص کی سمادھی پر منائی گئی اور شخص بھی وہ جس نے گستاخی رسول میں موت کی سزا پائی تھی۔

بسنت اور امیر خسرو:

بسنت کی تاریخ میں ایک اور مسلم شخصیت کا نام بھی آتا ہے وہ تھے "حضرت امیر خسرو"۔ وہ تیرہویں صدی میں بہار کے پہلے ہفتے پیلا چوغا پہنتے اور گاتے تھے۔ وہ ایسا کیوں کرتے تھے؟ اس کے بارے میں کوئی ٹھوس دلیل نہیں ملتی۔ بعض مورخین کا خیال ہے، یہ بھی ان کی ایک مجذوبانہ ادا تھی، وہ اس ادا کے ذریعے اپنے شیخ حضرت نظام الدین اولیاء رحمہ اللہ کا مزید قرب حاصل کرنے کی کوشش کرتے تھے، لیکن یہ بسنت وہ بسنت نہیں تھی جو ہندو مناتے تھے اور نہ ہی اس بسنت میں پتنگ بازی شامل تھی۔

بسنت کے کھاتے میں شاہ حسین کا نام بھی آتا ہے۔ شاہ حسین ایک ہندو لڑکے مادھولعل کو بہت عزیز رکھتے تھے، مادھو لعل کو پتنگیں اڑانے کا بہت شوق تھا، شاہ حسین اس کا شوق پورا کرنے کا اہتمام کرتے تھے، ان کا انتقال ہوا اور ان کا مزار مادھو لعل حسین کہلایا تو ان کے زائرین نے ہر سال ان کے مزار پر دو تہوار منانے شروع کر دیے، ایک

تہوار کو میلہ چراغاں کا نام دیا گیا اور دوسرے کو بسنت کہا گیا۔

میلہ چراغاں میں مزار اور اس کے گرد و نواح میں چراغ جلائے جاتے اور بسنت کے دن ڈھول پیٹے اور پتنگیں اڑائی جاتی تھیں۔ درحقیقت اس دور میں بسنت کا تہوار بڑے تزک و احتشام سے منایا جاتا تھا لیکن یہ بھی سچ ہی تھا کہ یہ تہوار صرف مادھو لعل حسین کے مزار اور میلے تک محدود تھا۔

ماخوذ از کتاب: بسنت کیا ہے؟

مرتب: مفتی ابولبابہ شاہ منصور (سن اشاعت: ۲۰۰۲)

***

شکیلہ بانو بھوپالی - اولین صاحب دیوان خاتون قوال

رشید انجم

شکیلہ بانو بھوپالی (پ:۱۹۴۲، م:۲۰۰۲) کا ذکر یہاں اس لئے ضروری ہے کہ وہ صاحب دیوان شاعرہ بھی تھیں۔ ان کی غزلوں کا مجموعہ "ایک غزل اور" ۱۹۹۴ء میں فخر الدین علی احمد میموریل کمیٹی حکومت اتر پردیش کے مالی تعاون سے شائع ہوا تھا۔ ۱۵۹ صفحات پر مشتمل اس مجموعۂ کلام میں کل ۱۰۳ غزلیں اور کچھ نظمیں، کچھ گیت اور متفرق اشعار شامل اشاعت کئے گئے ہیں۔

شروع کے چند صفحات میں نباض اہل قلم کی آرا ہیں، جن میں کرشن چندر، عصمت چغتائی، خواجہ احمد عباس، شمس کنول اور محمد علی تاج بھوپالی کے تاثرات کا انتخاب ہے۔ "ایک غزل اور تاثرات" کے عنوان سے ملک زادہ کا دیباچہ بھی ہے، جو انہوں نے ۲۶ / جولائی ۱۹۵۶ء کو تحریر کیا تھا۔ اس دیباچہ میں انہوں نے شکیلہ بانو کی شاعری پر اپنے تبصراتی تاثرات کا اظہار اس طرح کیا ہے:

"سچی بات تو یہ ہے کہ شکیلہ نے غم جاناں اور غم دوراں دونوں کے ایک متوازن امتزاج سے اپنی شاعری، کے نگار خانے کو سجایا ہے۔ میں نے تفصیل کے ساتھ تو نہیں مگر جستہ جستہ ان کے اشعار کا مطالعہ کیا ہے اور میں اس نتیجہ پر پہنچا ہوں کہ نہ تو ان کے کلام میں دور بینی ہے کہ وہ گردو پیش کے واقعات سے بے خبر ہو جائیں اور نہ وہ گردو پیش کے

واقعات میں اتنا گم ہیں کہ اپنے دل کے داغوں کی بہار نہ دیکھ سکیں۔ ذات اور ماورائے ذات دونوں پر ان کی نگاہیں ہیں اور دونوں عناصر نے ان کے فکر و فن کو مہمیز کیا ہے۔ یہ الگ بات ہے کہ ان کا ذہنی جھکاؤ اور فطری میلان زندگی کے ان تجربات کی جانب سے عشق کی وادیوں کو سینے کے بل چل کر طے کرنے کے بعد ہی پیدا ہوتے ہیں۔"

اس مجموعہ کلام کا آغاز مخدوم محی الدین کے اس شعر سے کیا گیا ہے۔

شہر میں دھوم ہے اک شعلہ نوا کی مخدوم
تذکرے رستوں میں، چرچے ہیں پری خانوں میں

یہ شعر اس وقت کہا گیا تھا جب شکیلہ بانو اپنے دور عروج میں حیدرآباد میں منعقد محفل قوالی میں شرکت کرنے گئی تھیں۔

شکیلہ بانو نے اس مجموعہ کے صفحہ ۱۹ سے ۲۳ تک اپنے کوائف بیان کئے ہیں۔ وہ خاندانی حالات درج کئے ہیں جن سے عموماً لوگ (خاص طور پر اہل بھوپال) تقریباً ناواقف ہیں۔ میں نے شکیلہ بانو کے تمام حالات زندگی، عروج اور زوال کی داستان اپنی کتاب "جہان فلم کی مسلم اداکارائیں" میں تحریر کئے ہیں چونکہ شیلہ بانو میری پڑوسی رہیں اور میں نے ان کی زندگی کے کئی نشیب و فراز دیکھے ہیں۔

شکیلہ بانو بھوپالی ہندوستان کی پہلی خاتون قوال ہونے کے علاوہ ایک تہذیب کی نمائندہ خاتون بھی تھیں۔ ان کی "ذاتی" محفلوں میں وہ مشاہیر علم و ادب دوزانو حاضر رہا کرتے تھے جو بقول کسے اردو زبان کے پاسبان اور معمار رہے۔ یہ وہ انوکھی اور سب سے جداگانہ خاتون قوال و شاعرہ تھیں جن کی ہر ادا، ہر غمزہ، ہر مہذب آرائش گفتار دلچسپ مہمان نوازی اور منفرد فن قوالی پر جس قدر لکھا گیا ہے وہ بڑے سے بڑے فنکار کا ورق زندگی نہیں بن سکا۔

شکیلہ بانو بھوپالی پر میرا طویل مضمون "جہانِ فلم کی مسلم اداکارائیں" میں شائع ہو چکا ہے، اس لئے میں تفصیل سے گریز کر رہا ہوں، اور اس مضمون کو صرف ان کی اداکاری شاعری گلوکاری اور موسیقی تک محدود رکھا ہے۔

ان کا صرف ایک شعری مجموعہ طبع ہوا تھا۔ اس کے بعد انہوں نے غزل یا نظم پر کتنی طبع آزمائی کی وہ سرمایہ چونکہ محفوظ نہیں رہا اور ان کی زندگی اور خاندانی زوال کے ساتھ یقیناً ضائع ہو چکا ہو گا چونکہ ان کے خاندان میں کوئی بھی ایسا فرد نہیں تھا جسے ادب یا شاعری سے احتراماً تھوڑا سا بھی لگاؤ رہا ہو۔ سبھی ان کی قوالی کے سہارے "پل" رہے تھے۔

"ایک غزل اور" کی تمام شاعری روایتی شاعری ہے۔ شاعری میں رومانیت کا لہجہ بھی یاسیت لئے ہوئے ہے مثلاً یہ اشعار۔

میری راتوں میں سیاہی کے سوا کچھ بھی نہیں
شہر میں کیسے نکلتے ہیں ستارے لکھنا

وہ بھی کیا دور تھا اور کتنا بھلا لگتا تھا
چاندنی رات میں دریا کے کنارے لکھنا

دل امانت ہے ان کی انہیں سونپ دو
وہ بیاباں کریں یا گلستاں کریں

ناز ہے تجھ کو اگر ابر برسنے پہ بہت
میری آنکھوں کی طرح سے تو برس اب کے برس

شکیلہ بانو جس غمزدہ ناز و ادا سے قوالی کو دلکش انداز دیتی تھیں کہ محفل بہ شکل تصویر بتاں ہو جایا کرتی تھی۔ وہی کچھ ان کی شاعری میں ان کی یکتائے روزگار طرز

تخاطب کا دھیما سا ترنم بھی شامل ہے۔ ان کے بعض اشعار بغاوت پر آمادہ نظر آتے ہیں، جنھیں اہل ترقی پسند اقدار کی قربت سے تعبیر کرتے ہیں۔

فضائے ماہ نہ اب کہکشاں کی بات کرو
نئی زمین، نئے آسمان کی بات کرو
یہ مانا سلسلہ وحشت کا ہے جیب و گریباں تک
مگر مجھ سے میری دیوانگی کچھ اور کہتی ہے
ہم سے اچھے تو پرندے ہیں کہ پر رکھتے ہیں
ہوں قفس میں بھی تو اڑنے کا ہنر رکھتے ہیں
چمک رہی ہے جو بجلی اسے نظر میں رکھو
جو جل چکا ہے نہ اس آشیاں کی بات کرو

بعض اشعار میں وہ خود سے برگشتہ بھی ہوئی ہیں، بیزار بھی ہوئی ہیں اور فراق و وصل کی خلیج ان کے جذبات کو انتشار کا کرب دے جاتی ہے

نیند تتلی بھی نہیں جو باندھ لیں ہم اس کے پَر
کیا کریں جب چاہتی ہے پل میں اڑ جاتی نیند
ہاں کبھی تھا خوں پسینے پر چھڑکنے کا چلن
وضعدار، جاں نثار کی وہ فضائیں اب کہاں

شکیلہ بانو کے فن قوالی کا آغاز اس وقت ہوا جب ۱۹۵۶ء میں بی آر چوپڑہ اپنی فلم "نیا دور" کی شوٹنگ کرنے اپنے یونٹ کے ساتھ بھوپال آئے۔ اس یونٹ میں دلیپ کمار، وجینتی مالا، جانی واکر، اجیت اور جیون بھی شامل تھے۔ ایک خصوصی محفل میں شکیلہ بانو کی قوالی کا اہتمام ہوا اور دلیپ کمار ان کی قوالی سے اتنا متاثر ہوئے کہ انہوں نے شکیلہ بانو کو

بمبئی آنے اور فلموں میں مقدر آزمانے کی دعوت دیدی۔ دلیپ کمار جیسے اعلی فنکار کی دعوت کو رد کرنا گویا کفران نعمت کے مترادف تھا۔ قدرت نے کامیابی کے امکانات روشن کئے اور بمبئی نے اپنی دیرینہ روایات سے انہیں خوش آمدید کہا۔ بمبئی سے ان کے عروج کا جو دور شروع ہوا وہ عمر کے آخری لمحات تک جاری و ساری رہا۔ قوالی کی محفلوں سے بے تحاشہ دولت بھی ملی اور شہرت بھی۔ فلمساز ان کے مداح ہی نہیں ایک طرح سے معتقد بھی رہے۔ انہیں فلموں میں اداکاری کے مواقع بھی دئے گئے۔ فلموں میں ان کی قوالیاں بھی انہیں پر فلمائی گئیں۔ یہ اور بات ہے کہ پس منظر گلوکاری منجھی ہوئی آوازوں میں ریکارڈ ہوئی۔ انہوں نے بطور موسیقار کچھ فلموں میں موسیقی بھی دی اور نغمے بھی لکھے۔ فلم میں ویمپ کا کردار بھی اداکیا اور معاون اداکارہ کا بھی۔

بطور اداکارہ:

۱۹۵۸: "جنگل پرنس"۔

۱۹۵۹: "لیڈی روبن ہڈ"، "دو غنڈے"، "طوفانی تیر انداز"۔

۱۹۶۰ : "پریوں کی شہزادی"، "چوروں کی بارات"، "قسمت پلٹ کے دیکھ"، "لالچ"، "نخرے والی"، "شریف ڈاکو"، "ممبئی کا بابو"۔

۱۹۶۱: "رامو دادا"، "کھلاڑی"۔

۱۹۶۳: "استادوں کے استاد"، "رستم بغداد"، "آج اور کل"۔

۱۹۶۴: "کمسن"۔

۱۹۶۵: "شیر دل، فیصلہ"۔

۱۹۶۹ : "غنڈہ"۔

۱۹۷۰: "دستک"، زینت "زیارت گاہ ہند"۔

۱۹۷۱: "ڈاکو مان سنگھ"۔

۱۹۷۳: "غدار، حفاظت" "ٹیکسی ڈرائیور"۔

۱۹۷۴: "ہمراہی"

۱۹۷۵: "مزے لے لو"۔

۱۹۷۶: "ہر فن مولا۔"

بطور فلمی نغمہ نگار:

۱۹۷۴ء "ہمراہی" موسیقار: کلیان جی آنند جی۔

آآآ۔ محفل میں آگئے ہیں، یعنی کہ مشکل میں آگئے

محبت بھرا کوئی پیغام دو۔ (منا ڈے، مہیندر کپور اوشا نموٹھی اور ساتھی)

نوٹ: اس قوالی میں شکیلہ بانو نمایاں قوال کا رول کیا تھا اور فلم میں ان کا کردار بھی تھا۔

بطور نغمہ نگار:

۱۹۹۸ء میں ایس ایم ساگر کی فلم "پریم سندیش" میں شکیلہ بانو نے گانے لکھے تھے۔ ندا فاضلی دوسرے نغمہ نگار تھے۔

۲۰۰۳ء میں فلمساز و ہدایت کار جوگندر کی فلم "بندیا اور بندوق" کے سبھی گانے شکیلہ بانو نے راکیش مشرا اور سنجے کی موسیقی میں لکھے تھے۔

بطور موسیقار:

"۱۹۷۵ء مزے لے لو" ہدایت: کمار باسو دیو۔

اس فلم میں مہیش نریش اور کرس پیری کے ہمراہ شکیلہ بانو تیسری موسیقار تھیں۔ اس فلم میں صرف چھ گانے تھے۔ صرف دو گانوں کی دھنیں شکیلہ بانو نے بنائی تھیں۔

"آج کی تازہ خبر۔ آج کی تازہ خبر۔ آؤ بابو جی ادھر، آؤ لالہ جی ادھر۔"

(آواز: کامل چاندپوری، نغمہ: کامل چاندپوری)

نوٹ: اسی گانے کو محبوب خاں نے اپنی فلم "سن آف انڈیا" میں شانتی ماتھر کی آواز میں فلم کے ہیرو ساجد خاں پر فلمائز کیا تھا۔ موسیقی نوشاد کی تھی اور نغمہ نگار شکیل بدایونی تھے۔

"تم نہ سمجھے میری نظروں کا تقاضہ کیا ہے" (نغمہ: اکبر احمد فریدی، آواز: شکیلہ بانو)

ماخوذ از کتاب: ادب سے فلم تک (سن اشاعت: ۲۰۱۷)

﷽ ﷽ ﷽

وودھ بھارتی - تاریخ کے کچھ اوراق

رفعت سروش

براڈ کاسٹنگ ہاؤس دہلی کی مشہور اور خوبصورت عمارتوں میں سے ایک تھی اور دوسری جنگ عظیم کے دوران پارلیمنٹ اسٹریٹ کی اس سرخ عمارت کی شان ہی اور تھی۔ میں محکمہ جنگ کے ایک دفتر میں کام کرتا تھا اور صبح و شام سکریٹریٹ آتے جاتے اس عمارت کے پاس سے گزرتا تھا، اور اس کی گھڑی سے وقت کی رفتار پوچھتا تھا۔ مجھے یہ عمارت سانس لیتی ہوئی شخصیت محسوس ہوتی تھی۔ میرا ایک ساتھی کلرک ہری کشن ماریا ان دنوں ریڈیو سے گایا کرتا تھا۔ ماریا نے کئی بار کہا کہ میرے ساتھ ریڈیو اسٹیشن چل۔ مگر میں نہیں گیا، بعد میں ماریا روشن لال میوزک ڈائرکٹر کے ساتھ دہلی سے بمبئی چلا گیا تھا۔ اس کا اسسٹنٹ رہا، اور کئی سال ہوئے بمبئی ہی میں اس کا انتقال ہو گیا۔ میں اس زمانے میں صرف ایک بار ریڈیو اسٹیشن گیا تھا راز مراد آبادی کے ساتھ، راز پروگرام اسسٹنٹ تھے۔ رات کو مولانا سمیع اللہ کی دکان پر بیٹھے بیٹھے اچانک انہیں یاد آیا کہ کل صبح کے کیوشیٹ میں کچھ گڑبڑ ہے۔ اسی وقت دفتر بھاگے۔

کبھی جس عمارت کو میں صبح و شام حسرت سے دیکھتا تھا اب میرا آب و دانہ اس سے منسوب تھا ہر چند کہ ۱۹۴۵ء کے براڈ کاسٹنگ ہاؤس اور ۱۹۵۸ء کے براڈ کاسٹنگ ہاؤس کی شان و شوکت میں کافی فرق آگیا تھا، آس پاس اونچی اونچی بلڈنگیں کھڑی ہو گئی تھیں۔

سڑکوں اور سبزہ زاروں پر آزادی کے بعد کی بے مہار معاشرت کے بدزیب نقش و نگار نظر آنے لگے تھے۔ مگر براڈکاسٹنگ ہاؤس پھر براڈکاسٹنگ ہاؤس ہے۔ پوری قوم کا نفس ناطقہ، یہاں سے پھیلی ہوئی ایک ایک آواز کی لہروں پر قوموں کے فیصلے ہوتے ہیں، ایک ایک موج صدا پیام زندگی بن کر گونجتی ہے، ایک ایک شعلہ نو انقلاب برپا کر سکتا ہے۔

یکم ستمبر ۱۹۵۸ء کو اس براڈکاسٹنگ ہاؤس میں میں نے وودھ بھارتی کے اسسٹنٹ پروڈیوسر کی حیثیت سے قدم رکھا۔ بمبئی سے دلی کو تبادلے کا پروانہ میری جیب میں تھا۔ معلوم ہوا دفتر میں بلڈنگ میں نہیں، بلکہ پچھلے حصہ کی بارکوں میں ہے۔ ایسی بارکوں میں جن کی دیواریں اور چھتیں اپنی شکستہ حالی کا مرثیہ سنارہی ہیں۔

مگر اسٹوڈیو دیکھ کر طبیعت خوش ہوگئی۔ جو کام ہم ایک سال تک ایک ہی ڈبنگ روم میں کرتے رہے تھے (جس کا ذکر میری کتاب بمبئی کی بزم آرائیاں" کے صفحات میں ہے) اب اس کام کے لئے نہایت عمدہ اسٹوڈیو تیار کئے گئے ہیں۔ اور لطف یہ کہ ہمارے اسٹوڈیو بلاک میں دہلی کے کسی اور یونٹ یا سیکشن کا دخل نہ ہوگا۔ یہ اسٹوڈیو وودھ بھارتی اور صرف وودھ بھارتی کے لیے ہیں۔ جدید سازوسامان سے آراستہ اور باقاعدہ ڈبنگ روم۔ جن میں اناؤنسر یوتھ الگ ہے۔ پروگرام کی دو کاپیاں ایک ساتھ تیار کرنے کا اہتمام اور اس امر کے لئے پروڈیوسر کے ساتھ ایک انجینئر، باقاعدہ ڈیوٹی پر۔۔۔ ایک ڈرامہ اسٹوڈیو اور دو تین اسٹوڈیو صرف ٹیپ پروگرام سننے کے لئے۔

ہم لوگوں کو امید بھی نہ تھی کہ دہلی میں پہنچ کر اچانک اس قدر آسانیاں مل جائیں گی اور نہایت سکون سے کام کرنے کا موقع میسر آئے گا۔ بمبئی سے ہم ۳۰/ ستمبر تک کے پروگرام بنا کر چلے تھے اس لئے یہاں کام شروع کرنے کی جلدی نہ تھی مگر ایسا بھی نہ تھا کہ ہاتھ پر ہاتھ رکھ کر بیٹھے رہیں یا ادھر اُدھر گپ لگاتے پھریں۔ ہمارا اصل سرمایہ تھا بمبئی

سے لائی ہوئی گولڈ کاپیاں یعنی وہ ٹیپ جن پر منتخب گانے، نظمیں، تقریریں اور چھوٹے بڑے ڈرامے اس مقصد سے ریکارڈ کیے گئے تھے کہ ان سے نشر کیے جانے والے پروگرام اناؤنسمنٹ وغیرہ کے ساتھ تیار کیے جا سکیں لیکن بمبئی سے ان گولڈ کاپیوں کا لدان ایسے ہوا تھا جیسے ریل کے ڈبے میں کوئلہ ڈھویا جاتا ہے اور اب یہ گولڈ کاپیاں کوڑے کرکٹ کے انبار کی طرح ہماری ٹیپ لائبریری میں پڑی تھیں اگرچہ نیر ورکر سسٹم کے مطابق ترتیب دی جانے والی اس لائبریری کی شان واقعی نرالی اور قابل تعریف تھی مگر وہ کل کی بات تھی آج تو یہ ٹیپوں کا ڈھیر تھا اور ہم تھے۔

(آل انڈیا ریڈیو کے انجینئر نیر ورکر صاحب نے بمبئی یونیورسٹی کے لائبریرین کے تعاون سے ٹیپ لائبریری کو سائنٹیفک طریقے سے ترتیب دینے کا لائحہ عمل تیار کیا تھا اور آج وودھ بھارتی لائبریری اسی جدید سسٹم کے مطابق چلتی ہے جو نہایت عمدہ ہے ہم جن کی ذمہ داری تھی پروگرام تیار کرنا چاہے ٹیپ کہیں سے لائیں۔ لاچاری میں اندھا دھند اسی انبار میں سے اپنے کام کی چیز نکالتے تھے اور اپنا کام چلانے کا منصوبہ بناتے تھے نہ کوئی رجسٹر تھا نہ کوئی کیٹلاک۔ مگر ہمارے لیے یہ صورت حال کوئی مرحلہ نہ تھا کیونکہ ہم وودھ بھارتی پروگرام شروع کرتے وقت اس سے بھی زیادہ سخت مراحل سے گزر چکے تھے۔ (تفصیلی ذکر بمبئی کی بزم آرائیاں میں) ایک دشواری یہ ضرورت تھی کہ ہم لوگوں کا شیرازہ منتشر ہو گیا تھا۔ ہمارے سب اناؤنسر سوائے کردار شرما کے بمبئی ہی رہے گئے تھے ایک سال تک ان پر جو محنت کی وہ سب بے کار۔۔۔

اور یہاں کچھ پرانے اناؤنسر دہلی الہ آباد اور جے پور سے بلائے گئے تھے مگر یہ عظیم اناؤنسر تیس مار خان تھے یعنی ڈائریکٹر وودھ بھارتی کے منہ چڑھے اور اتنے خود سر کے ہم پروڈیوسروں کے ساتھ تعاون کرنے کو تیار نہ تھے وہ اس احساس کے شکار تھے کہ ہم

لوگوں کو پروڈیوسر کیوں بنایا گیا ان کو کیوں نہیں حالانکہ ہم پروڈیوسروں کا جرم یہ تھا کہ ہم لوگ مصنف واقع ہوئے ہیں۔ اور یہی وجہ تھی کہ ہمیں یہ ذمہ داری سونپی گئی تھی۔ ہم اسسٹنٹ پروڈیوسر صرف تین تھے سٹینڈرڈ شرت، بی ایس بھٹناگر اور میں اور جغادری اناؤنسر تھے بی این متل گوپال کول کوشلیا ماتھر، کیشو پانڈے اور کرشن لکریجا اوپر والے ان اناؤنسروں کو پروڈیوسر تو نہ بنا سکے مگر عملی طور پر انہیں ہم لوگوں کا حریف بنا دیا اور ان لوگوں کو بھی آزادانہ طور پر پروگرام پروڈیوز کرنے کے لئے دے دیے گئے نتیجہ یہ ہوا کہ جس مقصد سے ان خوش آوازوں کو وودھ بھارتی میں لایا گیا تھا وہ مقصد تو فوت ہو گیا۔ یعنی وہ پروگرام اناؤنس کریں جیسا کہ اپنے اپنے اسٹیشن پر کرتے تھے۔

اب اناؤنسمنٹ کرنے کے لئے نہیں آوازوں کی کھوج شروع ہوئی درخواستیں طلب کی گئی انٹرویو ہوئے اور بیس پچیس آوازوں میں سے ۵ء۴ کی پینل بنی سلیم احمد ممتاز مرزا ارماباوا، کچھ دن بعد اس فہرست میں پشپا بوٹا، اور لکتا دیوی بھی شامل ہو گئی ہیں ممتاز مرزا تو ملازم نہ ہو سکی مگر باقی آوازوں کو پہلے عارضی طور پر اور پھر مستقل ملازم رکھ لیا گیا اور یہ فہرست بڑھتی ہی گئی لیکن میرے نزدیک یہ اصراف بیجا تھا کہ اتنے سارے سینئر اناؤنسروں کی موجودگی میں مزید آوازوں کی ضرورت نہ تھی یا تھی تو ایک دو کی اور عارضی طور پر۔ اناؤنسرو کو بنیادی طور پر اناؤنسمینٹ کی ہی ڈیوٹی دینی چاہیے تھی۔

بہر حال اس حکمت عملی کا نتیجہ یہ نکلا کہ وودھ بھارتی کہ پروڈیوسروں کی اہمیت گھٹتی چلی گئی اور ہم لوگ راہ فرار ڈھونڈنے لگے اور موقع پا کر اس یونٹ سے نکل بھاگے۔ کیوں کے کچھ اور چاہیے وسعت میرے بیاں کے لئے والا معاملہ تھا میں اردو مجلس میں آ گیا اور شرت دہلی اسٹیشن کے ڈرامہ سیکشن میں۔ بھٹناگر ریٹائر ہو گئے مگر یہ سب کچھ ایک دو سال میں نہیں ہو گیا۔ اس تبدیلی کو چھ سال لگے۔ اور اس عرصہ کی وودھ بھارتی کی

داستان کچھ کم دلچسپ نہیں۔

وودھ بھارتی کا اصل دفتر تو بارکوں میں تھا یعنی سب پروڈیوسر اناؤنسر پروگرام ایگزیکیٹیو اسسٹنٹ ڈائریکٹر وغیرہ وغیرہ بارکوں میں بیٹھتے تھے مگر ڈائریکٹر اور چیز پروڈیوسر چیز آکاش وانی بھون میں تشریف رکھتے تھے اور صرف لنچ کے بعد پروگرام میٹنگ کے لئے بالائی منزل سے اتر کر آتے تھے۔ چیف پروڈیوسر تھے نریندر شارما اور پہلے ڈائریکٹر تھے گوپال داس جو احمد شاہ پطرس بخاری دور کے آدمی تھے نہایت شریف النفس اور بہت اچھے منتظم۔ اور مشکل وقت میں اپنے اسٹاف کے لئے ڈھال بن جانے والے، ان کی شرافت اور جرات کے ایک دو واقعات ذہن میں کلبلا رہے ہیں مگر ذرا وودھ بھارتی کے بارے میں کچھ ضروری باتیں پہلے بیان کر دوں۔

بعض دفعہ ایسا ہوتا ہے کہ افسران بالا زد اسٹاف بھرتی کر لیتے ہیں اور پھر زبردستی ان لوگوں کی ٹھونس ٹھانس کی جاتی ہے۔ اس دھاندلی کی ایک مثال۔۔۔۔ ابھی وودھ بھارتی کو دہلی میں آئے ہوئے تھوڑے ہی دن ہوئے تھے کہ ایک ساتھ چار ٹرانسمیشن اسسٹنٹوں کا تقرر وودھ بھارتی میں کر دیا گیا۔ اس وقت تک یہاں سے کوئی ٹرانسمیشن نہیں ہوتا تھا ہوا یہ ہوگا کہ ٹرانسمیشن اسسٹنٹ تھوک میں بھرتی کیے گئے اور کوئی جگہ نہ پا کر انہیں وودہ بھارتی میں ٹھونس دیا گیا اب ان کے لیے وہ کام کہاں سے لایا جائے جو ان کی اصل ڈیوٹی ہے۔ ابھی وہ شاخ پھوٹی ہی تھی جس پر آشیانہ بننا تھا اسسٹنٹ ڈائریکٹر اقبال ملک کو بڑی دور کی سوجھی۔ لائبریری میں جو ٹیپوں کے انبار پڑے تھے ان میں کیو شیٹ بھی تھے یعنی ایک ایک ایسا کاغذ جس پر لکھا تھا کہ اس ٹیپ میں کیا کیا ریکارڈ کیا گیا ہے۔ ملک صاحب نے سب ٹرانسمیشن اسسٹنٹوں کو اس ڈیوٹی پر لگا دیا کہ کیو شیٹ کی مدد سے گولڈ کاپیوں کے رجسٹر تیار کر وچلیۓ نو آموزوں کو کام بھی مل گیا جن کو یہ خبر ہی نہ تھی کہ

ان کو کیا کرنا چاہیے اور کیا کر رہے ہیں۔

نام ٹرانسمیشن اسسٹنٹ اور کام ایک درجہ دوم کلرک کا۔ اور اس طرح ہم پروگرام بنانے والوں کی مشکل آسان ہونی شروع ہوئی کیوں کے رجسٹر بن جانے کی وجہ سے گانوں کے انتخاب میں آسانی ہوگی۔۔ یہ نو گرفتار ٹرانسمیشن اسسٹنٹ تھے شیو شنکر شرما جو ترقی کرتے کرتے آخر ٹیلی ویژن کے ڈائریکٹر جنرل بنے اور جوشی اگروال اور راج منی رائے یہ تینوں بھی اسٹیشن ڈائریکٹر کے عہدے تک پہنچ ہی گئے ہیں۔ سرکاری نوکری میں ایک یہی تو فائدہ ہے کہ ایک بار لائن میں لگ جائے نمبر آہی جائے گا۔

ہمارے ساتھ ایک پروگرام اسسٹنٹ تھے منظور الامین۔ جن کا ذکر بمبئی کی بزم آرائیاں میں تفصیل سے ہے بمبئی سے ہیں وودھ بھارتی کے یونٹ کے ساتھ آئے تھے اب انھیں پروگراموں سے نہیں انتظامی امور سے واسطہ تھا جہاں دیدہ آدمی ہیں اور خوب جانتے ہیں کہ کب کیا کرنا چاہیے اس سوج بوجھ نے انھیں ترقی کے اعلیٰ مدارج تک پہنچایا۔ ٹیلی ویژن کے ایڈیشنل ڈائریکٹر جنرل کے عہدے تک پہنچ کر ریٹائر ہوئے پھر ماس کمیونیکیشن سینٹر جامعہ سے متعلق رہنے کے بعد کشمیر یونیورسٹی سری نگر پہنچے اور اب حیدرآباد میں تدریسی فرائض انجام دے رہے ہیں۔

منظور صاحب صرف پروگرام اسسٹنٹ تھے آل انڈیا ریڈیو کے ملازمین کی زندگی میں ایک خوشگوار انقلاب آیا کہ پروگرام کا عہدہ منسوخ کر دیا گیا اور سب پروگرام اسسٹنٹ پروگرام ایگزیکیٹیو بنا دیے گئے یعنی گزیٹیڈ آفیسر اس ریلے میں منظور الامین صاحب بھی پروگرام ایگزیکیٹیو بن گئے۔ پھر ایک دو جگہیں اسسٹنٹ اسٹیشن ڈائریکٹر کی نکلیں۔ منظور الامین صاحب نے اس کے لیے درخواست دے دی اور خدا کا کرنا کیا ہوا کہ منتخب بھی کر لیے گئے۔ اس طرز کی ملازمت میں اے ایس ڈی بننے کے بعد آدمی سرپٹ

دوڑتا ہے اور پھر منظور الامین تو جہاندیدہ انسان ہیں۔ بہت سرعت سے ترقی کی منزلیں طے کیں۔ منظور صاحب نے ریڈیو کے لئے ڈرامے بھی لکھے ہیں اور خاموش انداز سے شاعری بھی کی ہے اور مجھے معلوم ہے کہ آج بھی یہ کافران کے منہ لگی ہوئی ہے۔۔ مگر جاننے والے جانتے ہیں کہ انہوں نے ہم سر پھروں کی طرح اس کافرہ کو اتنا قابل اعتناء نہیں سمجھا کے ذریعہ عزت تصور کرنے لگیں۔ ادب کی دنیا میں ان سے زیادہ ان کی آرٹسٹ میں بیگم رفیعہ منظور الامین بحیثیت افسانہ نویس اور ناول نگار زیادہ معروف ہیں۔۔ بہر حال منظور الامین صاحب میرے ذاتی دوست کل بھی تھے اور آج بھی ہیں۔ اتفاق سے میں اور وہ سرکاری ملازمت سے ایک ہی دن ریٹائر ہوئے تھے۔ وودھ بھارتی کا تنظیمی ڈھانچہ مضبوط کرنے میں ان کا بڑا ہاتھ ہے۔

یہ الفاظ لکھتے لکھتے گوپال داس صاحب بار بار آنکھوں کے سامنے اپنی مخصوص مسکراہٹ کے ساتھ کھڑے ہو جاتے ہیں۔ گوپال داس سحاب میں سید سجاد ظہیر (بنے بھائی) کی کچھ کچھ شباہت ہے مگر ایک نمایاں فرق کے ساتھ بنّے بھائی کی مسکراہٹ سراسر معصوم مسکراہٹ تھی مگر گوپال داس صاحب کے لبوں پر یہ مسکراہٹ چالاکی اور افسانہ خوش مزاجی کا انداز بھی لیے ہوئے تھی۔ لہجہ وہی دھیمہ دھیمہ آواز وہی رس بھری۔ مگر ان کا مزاج تھا کہ کم الفاظ میں دوٹوک فیصلہ۔ اور ایسے عالم میں ان کے لہجے میں تحکم زیادہ اور مروت برائے نام ہوتی تھی۔ جو بخاری انتظامیہ کی خصوصیت تھی۔

گوپال داس صاحب ادب شناس اور سخن فہم تھے اور ہیں اگرچہ ہندی میں لکھتے پڑھتے ہیں مگر بامحاورہ اور سلیس اردو زبان کو ریڈیو کے لئے بہت مفید سمجھتے تھے۔ اس لئے ان کے ساتھ کام کرنے کا خاص لطف تھا ان کے کہنے پر ہی میں نے منظوم گیتوں بھری کہانیاں لکھیں۔ جو ان دنوں بہت مقبول ہوئیں۔ ان میں سے کئی کہانیاں منظوم

ڈراموں کی صورت میں میری کتابوں میں شامل ہیں۔ روشنی کا سفر، عہد وفا، شاعر، گھر کی جنت نہیں پرواز وغیرہ ان ہی دنوں کی یادگار ہیں۔ گوپال داصاحب کی شعر پسندی کا یہ عالم تھا کہ ہفتے میں ایک دن خطوط کے جواب یعنی پتر اولی پروگرام مجھ سے منظوم لکھواتے تھے اور کبھی کبھی گجرا پروگرام کی کمپیرنگ بھی منظوم لکھتا تھا یہ ان کی محبت تھی کہ آل انڈیا ریڈیو سے ریٹائر ہونے کے بعد جب وہ کچھ عرصے کے لیے کتھک کیندر کے ڈائریکٹر مقرر ہوئے تو انہوں نے مجھ سے حبہ خاتون بیلے لکھوایا۔ اس بیلے کے لیے رقص و موسیقی مشہور کتھک رقاص جو برجو مہاراج نے ترتیب دی تھی۔ یہ بیلے ایک ملکہ شعر و سخن کے نام سے میری کتاب تاریخ کے آنچل میں شامل ہے کسی مکتبہ جامعہ نے ۱۹۸۳ء میں چھاپا ہے۔

جن اسٹیشن ڈائریکٹر کے ساتھ آل انڈیا ریڈیو میں کام کرنے میں لطف آیا ان میں سے گوپال داس صاحب ایک تھے۔ دفتروں میں ہزاروں چھوٹی بڑی باتیں ہوتی رہتی ہیں مگر گوپال داس صاحب کی جرات اور حق گوئی کا ایک واقعہ میں کبھی نہیں بھول سکتا۔ ۱۹۶۰ء کا واقعہ ہے گرمی کا موسم تھا سنیچر کا دن۔۔ دفتر میں آدھے دن کی چھٹی تھی مگر مجھے کسی ریکارڈنگ کے سلسلے میں اسٹوڈیو جانا تھا میں ری گل بس اسٹاپ سے ایک بس میں سوار ہوا بس میں بہت بھیڑ نہیں تھی دو تین سیٹوں پر ایک ایک آدمی کے بیٹھنے کی جگہ خالی تھی میں ایک سیٹ پر بیٹھنے لگا تو ایک صاحب نے بڑی تمکنت سے کہا کہ ادھر بیٹھ جایئے۔ میں نے کہنے والے پر نظر ڈالی سفید کھدر کے لباس میں ملبوس ایک صاحب پوری سیٹ پر پسرے ہوئے اس طرح بیٹھے تھے جیسے یہ ان کا راج سنگھاسن ہو مجھے ان کا تحکمانہ انداز پسند نہ آیا اور میں ان سے یہ کہتا ہوا کہ ذرا سمٹ کر بیٹھیے ان کے پاس بیٹھ گیا اور وہ منہ بسورنے لگے اتنے میں کنڈکٹر آیا۔ اس نے پہلے ان سے ٹکٹ کے پیسے مانگے انہوں نے

پیسے دے کر کہا" پارلیمنٹ ہاؤس" پھر میں نے اپنی دے کر کہا ریڈیو اسٹیشن۔ میرے منہ سے ریڈیو اسٹیشن لفظ سن کر انہوں نے تیور بدلے اور کنڈکٹر سے بجائے پارلیمنٹ ہاؤس کے ریڈیو اسٹیشن تک کا ہی ٹکٹ لیا مجھ سے بولے۔

آپ ریڈیو اسٹیشن جا رہی ہیں"

"جی ہاں"

کس یونٹ میں کام کرتے ہو"

آپ کو اس سے کیا واسطہ"

کون انچارج ہے آپ کا"

ضروری نہیں کہ میں آپ کے سوال کا جواب دوں"

ذرا دیر میں ریڈیو اسٹیشن آگیا میں بس سے اترا۔ وہ صاحب بھی اترے میں آگے آگے وہ پیچھے پیچھے۔ میں نے اندازہ کر لیا تھا کہ وہ کوئی فتنہ پرور آدمی ہے اس لئے میں کوئی کمزوری نہیں دکھانا چاہتا تھا اور یوں بھی میں خواہ مخواہ مرنجاں مرنج بن جانے کا قائل نہیں۔ میں سیدھا ریڈیو اسٹیشن کے کینٹین میں گیا وہ کاؤنٹر پر کر اسلام الدین سے میرے بارے میں پوچھنے لگا" یہ کون ہے" اسلام الدین ڈرامہ سیکشن میں استعفیٰ آرٹسٹ تھے (ایک عرصہ ہوا پاکستان چلے گئے تھے اب معلوم نہیں بقید حیات ہیں یا۔۔۔) اسلام الدین نے مجھے پکارا مگر میں دانستہ کاؤنٹر پر نہیں گیا اور وہ صاحب کچھ ضروری معلومات حاصل کر کے الٹے پاؤں لوٹ گئے۔ بعد میں مجھے اسلام الدین نے بتایا۔ یہ صاحب طارق تھے۔ پہلے آل انڈیا ریڈیو میں اسٹاف آرٹسٹ تھے۔ اب ایم پی ہیں۔۔۔ اور اب میری سمجھ میں آگیا کہ اس اکڑفوں کی کیا وجہ ہے۔۔۔۔ خیر۔۔۔ ہوں گے۔۔۔ میں چائے پی کر اپنے اسٹوڈیو میں چلا گیا۔ مگر آدھا گھنٹہ بھی نہ گزرا تھا کہ ڈیوٹی آفیسر مس ارن دتی نے

مجھے بلا کر ایک کاغذ دکھایا۔ ڈائریکٹر جنرل جے۔ سی ماتھر (آئی سی ایس) کے ہاتھ کا لکھا ہوا۔ ڈائرکٹر وودھ بھارتی شری گوپال داس کے نام تحریر تھا کہ آپ کے یونٹ کے ایک اسسٹنٹ پروڈیوسر رفعت سروش نے ایک ممبر پارلیمنٹ کی نہ صرف توہین کی بلکہ چلتی بس میں انہیں مکوں سے مارا۔ رفعت سروش سے فوراً باز پرس کی جائے اور میرے پاس ان کا تحریری ایکسن پلینیشن جلد از جلد بھیجا جائے۔۔ میں وہ کاغذ دیکھ کر معاملہ کی نزاکت کو سمجھ گیا اور بظاہر بے پروائی کا اظہار کرتا ہوا پھر اسٹوڈیو میں چلا گیا، چند منٹ بعد گوپال داس صاحب کا فون آیا۔ وہ اپنے گھر سے بول رہے تھے مجھ سے پوچھا کہ طارق کے ساتھ تمہارا کیا جھگڑا ہوا۔ مجھے سچ سچ بتادو۔ میں نے پوری تفصیل بتادی اور کہا کہ مکابازی تو دور کی بات ہے، اونچی آواز میں بات بھی نہیں ہوئی۔۔۔ میری پوری بات سننے کے بعد گوپال داس جی نے اپ نے روایتی پرسکون لہجے مین کہا کہ "ڈی۔جی کا فون آیا تھا میرے پاس۔ اور میں نے بغیر تم سے کچھ معلوم کئے ہوئے ان سے کہہ دیا ہے کہ رفعت سروش وودھ بھارتی کے چند مہذب لوگوں میں سے ایک ہے اور مجھے یقین نہیں آتا کہ اس نے بسمیں کسی سے گالی گلوچ یا ہاتھا پائی کی ہو گی۔ اور میں طارق کو بھی ذاتی طور پر انتا ہوں۔ اس ممبر پارلیمنٹ سے میرا اسسٹنٹ پروڈیوسر زیادہ بااخلاق ہے۔

میں نے گوپال داس جی کا شکریہ ادا کرتے ہوئے کہا کہ ماتھر صاحب کا ایک نوٹ ڈیوٹی آفیسر کے پاس اس مضمون کا آیا ہے۔ وہ دھیرے سے بولے۔ ٹھیک ہے، کل چھٹی ہے، پرسوں دیکھیں گے۔

گوپال داس جی سے بات کر کے میرا دل شیر ہو گیا، مگر ڈائرکٹر جنرل نے تحریری جواب مانگا تھا، اس لئے مجھے فکر تو بہر حال دامن گیر ہوئی۔ اب مجھے معلوم ہو گیا تھا کہ طارق صاحب کشمیر کے ایم پی ہیں اور بہت بارسوخ آدمی ہیں۔ میں اس سلسلے میں حافظ

علی بہادر خاں کے پاس پہنچا جو ان دنوں کشمیر گورنمنٹ کی اعانت سے ایک ہفت روزہ اخبار نکالتے تھے اور میرے ان سے دیرینہ مراسم تھے۔ وہ بھی سن کر بہت فکر مند ہوئے اور کہنے لگے کہ رفعت صاحب غلط آدمی سے بھڑ گئے۔۔۔۔۔۔ خیر۔۔۔ اتوار گزری۔ پیر کے دن گیارہ بجے میں گوپال داس جی سے ملا۔ کہنے لگے کہ میں نے ڈی۔جی سے کہہ دیا ہے کہ آپ یہ معاملہ مجھ پر چھوڑ دیجئے۔ اور ڈائرکٹر جنرل کے ہاتھ کا لکھا ہوا نوٹ انہوں نے پھاڑ کر ردی کی ٹوکری میں ڈال دیا اور مجھ سے کہا کہ تم چاہو تو ایک بار طارق سے مل لو۔۔ میں نے کہا، میرے جانے سے تو وہ صاحب اور اکڑیں گے۔ میرے انکار پر وہ مسکرائے اور بولے۔۔۔ اچھامت جاؤ۔ اور بے فکری سے کام کرو۔

میرے دل پر گوپال داس جی کے کردار کی عظمت نقش ہو گئی۔ اتنا بارسوخ ایم۔پی کہ جس کے ایک ٹیلی فون پر جے، سی ماتھر جیسے دبنگ ڈی۔جی نے گھٹنے ٹیک دیئے اور اس کی خوشنودی کی خاطر اپنے اسٹاف کے ایک پروڈیوسر کو چیونٹی کی طرح مسل دینا چاہا اور ایسا نڈر اور حق پسند اسٹیشن ڈائرکٹر جس نے اپنے اسٹاف آرٹسٹ کی عزت کو اپنے محکمہ کی عزت تصور کیا اور اس کے تحفظ کے لئے اپنی پوری قوت کے ساتھ سینہ سپر ہو گیا۔

اس واقعہ کی اگلی کڑی یہ ہے کہ ۱۹۶۱ء میں جب انڈو پاک کانفرنس وگیان بھون میں منعقد ہوئی تو اسمیں شرکت کرنے کے لئے دونوں ملکوں کے ادیب، شاعر اور دانشور یکجا تھے، چائے کا وقفہ ہوا۔ میں ساحر لدھیانوی اور ایک دو دوستوں کے ساتھ کھڑا باتیں کر رہا تھا کہ ادھر وہی ممبر آف پارلیمنٹ طارق بڑھے۔ میں طارق کو ادھر آتا دیکھ کر دوسری طرف کھسک گیا۔ اور سلام مچھلی شہری سے باتیں کرنے لگا۔۔ طارق نے میرے بارے میں ساحر سے پوچھا۔۔۔ اور پھر طارق صاحب میرے پاس خود آئے اور ایک معنی خیز مسکراہٹ کے ساتھ ہاتھ بڑھایا۔ میں نے بھی ہاتھ بڑھایا اور بغیر ایک لفظ کہے گلے

شکوے دور ہو گئے۔۔۔۔۔۔ اور کئی سال بعد جب کشمیر کے ایک مشاعرہ میں جانا ہوا تو طارق صاحب سے خوشگوار ملاقاتیں ہوئیں، وہ اس وقت ریاست میں سیر و سیاحت کے وزیر تھے۔ اور ہم لوگ انہیں کی دعوت پر پہلگام مشاعرہ پڑھنے گئے۔۔۔ اب تو وہ اللہ کو پیارے ہو گئے۔ خدا غریق رحمت کرے۔

تو ذکر تھا گوپال داس جی کی عظمت کا۔ وودھ بھارتی کو ان کے حسن انتظام نے مضبوط بنیادوں پر کھڑا کیا۔ مگر آل انڈیا ریڈیو کے اسٹیشن ڈائرکٹر اٹھاؤ چولھے کی طرح ہیں۔ آج یہاں تو کل وہاں۔ افسوس یہ ہے کہ ان کے ساتھ دو تین سال ہی کام کرنے کا موقع مل سکا۔ وودھ بھارتی سے ان کے تبادلے کے بعد دل بجھ سا گیا تھا۔ کام تو کیا، مگر کوئی قدر داں نہ تھا۔ گوپال داس جی کو آل انڈیا ریڈیو سے ریٹائر ہوئے ایک مدت ہو گئی لیکن اس اہم محکمے سے ان کی وابستگی کسی نہ کسی صورت باقی ہے۔ چند سال پہلے انہیں اعزازی طور پر پروڈیوسر ایمریٹس بنا دیا گیا تھا۔ ہو سکتا ہے اب بھی ہوں۔ وہ براڈکاسٹنگ کی اس عظیم نسل کے آخری چراغوں میں سے ہیں جس نے اپنا دل جلا کر اسے زندگی عطا کی ہے۔

وودھ بھارتی کے ننھے سے پودے کو ہم لوگوں نے جس جانفشانی سے بڑا کیا اس کا اظہار الفاظ میں ممکن نہیں ہے۔ لیکن جب یہ تجرباتی پودا جڑ پکڑ گیا تو ہم اسسٹنٹ پروڈیوسروں کو امید ہوئی کہ اس کے پھولنے پھلنے کے ساتھ ہم لوگوں کی خدمات کا بھی اعتراف کیا جائے گا۔ سرکاری مشینری حرکت میں آئی مگر بجائے اس کے کہ ہم تین چار اسسٹنٹ پروڈیوسروں میں سے کوئی ایک پروڈیوسر بنایا جاتا، ایک صاحبہ جو گجراتی خبریں پڑھا کرتی تھیں، اور جنہوں نے کبھی وودھ بھارتی کا روپ رنگ نہ دیکھا تھا اوپر والوں کی مہربانی سے ہم لوگوں پر پروڈیوسر بن کر نازل ہو گئیں۔۔۔ مس اروند ادوے۔ ان کے

کارہائے نمایاں ہم لوگوں کی نظروں سے تو مخفی ہی رہے۔

قدر گوہر شہ بہ داند یا بہ داند جوہری

کچھ عرصہ کے بعد ایک اور ریٹائرڈ پروگرام ایکزیکٹیو شری بابو راؤ پال وال پروڈیوسر بنا کر نازل کر دئے گئے۔ یک نہ شد دو شد، ہم لوگ جہاں تھے وہیں رہے اور ہمارے معزز چیف پروڈیوسر شری نریندر شرما بھی کھلی آنکھوں سے اس نزول آسمانی کے منظر کو دیکھتے رہے۔ وہ بھی اسٹاف آرٹسٹ تھے اور اس نظام میں اسٹاف آرٹسٹ کا دائرہ اختیار ہی کیا۔

غرض کچھ دن تک تو یہ امنگ رہی کہ کچھ نہ کچھ نیا اور انوکھا کام کیا جائے۔ کیا بھی اور داد بھی پائی۔ مگر وودھ بھارتی میں ایک رنگی اتنی ہے کہ گھڑی کی سوئیوں کی طرح پروگرام مقرر ہے۔ بہ بقول نریندر شرما ہم لوگ پروڈیوسر نہیں ری پرویڈیوسر REPRODUCER ہیں۔ وقت گزرنے کے ساتھ اس بات کی اہمیت نہیں رہی کہ پروگرام کیسا ہے۔ زیادہ اہم بات یہ تھی کہ تاریخ نشر سے کم سے کم اکیس دن پہلے پروگرام برائے نشر ریکارڈ کر دیا جائے۔ اور اگر کسی پروڈیوسر کو دس دن، پندرہ دن یا ایک مہینہ رخصت پر جانا ہے تو اکیس دن جمع چھٹی کے دنوں کے پروگرام بھی ریکارڈ کر کے جائے۔ اب اس ٹھیکداری میں کام پورا کرنے کا مطلب ہے، چاہے مال اونا پونا ہی لگے۔

تو یہ روش بن گئی وودھ بھارتی کی۔ اور ہم لوگ کولہو کے بیل کی طرح اپنے اپنے کام میں آنکھ بند کئے جٹے رہے۔ آنکھیں کھولنے سے بیلوں کے بدکنے کا اندیشہ جو ہوتا ہے۔

ماخوذ از کتاب: اور بستی نہیں یہ دلی ہے (خودنوشت)

مصنف: رفعت سروش (سن اشاعت: ۱۹۹۲)

***

گورونانک دیو جی مہاراج کی تعلیمات

اندرجیت گاندھی

ہندوستان کے افغانی عہد میں (جسے تاریخ نے "اسلامی عہد" کا نام دیا ہے) بہت سی ایسی عظیم روحانی شخصیتوں کا ظہور ہوا، جنہوں نے دنیا کو انسانی اخوت و محبت کا پیغام دیا، ان شخصیتوں میں حضرت بابانانک جی کا نام سرفہرست ہے۔

حضرت بابانانک نے لودھی افغانوں کا عہد بھی دیکھا ہے اور مغل بادشاہ بابر کا زمانہ بھی۔ سلطان محمد ابراہیم لودھی افغان (شہید پانی پت) بابانانک جی کا بے حد احترام کرتے تھے۔ لیکن بابر نے کچھ عرصہ تک بابا نانک جی کو "چکی" کی مشقت دی تھی۔ اس کے باوجود اس روحانی پیشوا نے نہ صرف یہ کہ اپنے پیغامِ محبت و اخوت کی تبلیغ جاری رکھی بلکہ اس کو اور زیادہ اثر انگیز بنانے کی کوشش کی۔

آج سے سینکڑوں برس پہلے لودھی افغانوں کے عہد میں بابا گرونانک مہاراج نے انسانی یکجہتی اور اخوت کا عالمگیر پیغام دیا تھا اور ہر مذہب کے بزرگوں سے خلوص و محبت کے تعلقات استوار کیے تھے۔ خصوصاً مسلم بزرگوں اور صوفیوں سے تو ان کے بہت ہی گہرے روابط تھے، جن کا کلام "گورو گرنتھ صاحب" کی بانیوں میں موجود ہے۔

بابا گرونانک جی یہی پیغام ہندوستان سے باہر دوسرے ممالک بھی لے کر گئے تھے۔ افغانستان، ایران اور عرب میں ان کی یادگاریں معجزانہ طور پر اب تک موجود ہیں۔ اسی

طرح باباجی وسطِ ایشیا کے مسلم ممالک کے علاوہ مشرقِ بعید کے بھی کئی ملکوں میں یہ پیغام لے کر گئے۔ محبت و اخوت کے ان متبرک سفروں میں "بابا مردانہ" اور "بھائی بالا" ان کے رفیق تھے۔

بابا گرونانک جی کا ایک طرۂ امتیاز یہ بھی ہے کہ ہر قوم اور ہر ملت کے لوگوں میں ان کی محبت یکساں ہے اور سب ہی دل و جان سے ان کا حقیقی احترام کرتے ہیں۔ جناب اندرجیت گاندھی نے "ذکرِ نانک" کے نام سے گلہائے عقیدت کا جو گلدستہ نہایت محنت و کاوش سے ترتیب دیا ہے، اس میں بابا گرونانک جی کے پیغامِ محبت و اخوت کو خاص طور پر پیشِ نظر رکھا گیا ہے۔

(بقلم: عتیق الرحمان عثمانی، دہلی۔ ۲۵/ جولائی ۱۹۶۹)

گورونانک دیو جی مہاراج کا جنم اس زمانہ میں ہوا جب تاریکی، جہالت اور اخلاقی گراوٹ کا دور دورہ تھا۔ کوئی مضبوط اور مستحکم مرکزی حکومت وجود میں نہ تھی۔ جبر و تشدد زوروں پر تھا، ہندو پس رہے تھے، تشدد کی بے آواز لاٹھی مظلوموں پر برس رہی تھی، مظلوموں کی آہ و فریاد حاکمِ وقت کے کانوں تک نہیں پہنچ رہی تھی۔ لیکن خالقِ دو جہاں کے دربار میں یہ فریاد سن لی گئی اور اس ظلم و تشدد کے خلاف امن اور شانتی کا پرچار کرنے کے لیے ہی گورونانک دیو جی مہاراج کو اس دنیا میں بھیجا گیا اور آپ نے اپنی تمام زندگی راستی کا پرچار کرتے ہوئے غلط راستوں پر چل رہے لوگوں کو گمراہی سے بچانے میں ہی بسر کر دی۔

گورونانک دیو جی مہاراج کا جنم اس گھرانے میں ہوا جہاں کے لوگ کاروباری قسم کے تھے۔ گورونانک دیو جی کی شخصیت کے بارے میں "فرخ سیر" کے منشی مولوی غلام علی نے لکھا ہے کہ:

"گورو نانک دیوجی بے حد خوبصورت، شیریں زبان اور شیریں مقال تھے اور مسکراہٹ ان کے چہرۂ اقدس پر ہمیشہ کھیلتی رہتی تھی۔ ان کا قد درمیانہ اور بازو لمبے تھے۔ وہ جب سات برس کے ہوئے تو انہیں پاندھے کے پاس پڑھنے کے لیے بھیجا گیا۔ بعد ازاں مولوی سے فارسی اور پنڈت جی سے سنسکرت بھی پڑھی اور تھوڑے ہی عرصہ میں انہوں نے بہت کچھ سیکھ لیا۔"

گورو نانک دیوجی جب بڑے ہوئے تو آپ کو بھی کاروبار میں ہاتھ بٹانے کے لیے آمادہ کیا گیا۔ اس زمانے میں تعلیم کے ذرائع بہت ہی محدود تھے لیکن گورو نانک دیوجی تو روحانی تعلیم سے بھی مالا مال تھے۔ اس لیے آپ اپنے والد کے نقشِ قدم پر چلتے ہوئے والد ہی کی طرح کے بیوپاری نہ بن سکے۔ آپ تو ایسے سودے کرنا چاہتے تھے، جن میں کوئی فریب نہ ہو، کوئی دغا نہ ہو، جھوٹ کی آمیزش نہ ہو۔ اور جب آپ کو کچھ رقم دے کر ضروری چیزیں خریدنے کے لیے بھیجا گیا تو راستے میں آپ کو کچھ ایسے مہاپرش (سادھو) مل گئے جن کی ضروریات کو گورو صاحب نے از حد ضروری سمجھا۔ چنانچہ آپ نے تمام رقم ان مہاپرشوں کے لیے بھوجن کا انتظام کرنے ہی میں صرف کر دی اور خود خالی ہاتھ گھر لوٹ آئے۔ گورو نانک دیوجی سے باز پرس کی گئی تو آپ نے ہنس کر کہہ دیا: "میں سچا سودا کر آیا ہوں۔"

گورو نانک دیوجی کا یہ جواب ایک حقیقت تھی، جس میں کوئی فریب نہ تھا، کوئی جھوٹ نہ تھا، کوئی دھوکا نہ تھا بلکہ آپ نے تو ان مہاپرشوں کی خدمت کر کے ایک ایسا سودا کر لیا تھا جس کے سبب گورو نانک دیوجی کی عزت کو چار چاند لگ گئے اور آپ اب تک اسی عزت و احترام کے ساتھ یاد کیے جاتے ہیں۔ گورو نانک دیوجی کے اس "سچا سودا" کی یاد میں چوہڑ کانہ کے نزدیک ایک بہت بڑا گوردوارہ "سچا سودا" کے نام سے یادگار کے

طور پر اب بھی قائم ہے۔

گورونانک دیو جی جہاں بھی گئے وہ جگہ مقدس یادگار بن گئی۔ تلونڈی ایک چھوٹا سا گاؤں تھا، جہاں آپ نے جنم لیا تھا۔ تلونڈی ننکانہ صاحب کے نام میں بدل گیا اور اسی ننکانہ صاحب میں آج بھی گوردوارہ جنم استھان کے نام سے موجود ہے۔ حسن ابدال اور دوسرے مقامات پر، جہاں بھی آپ گئے، وہاں مقدس یادگار قائم ہو گئی۔

گورونانک دیو جی نے اتحاد کا پیغام ایسے وقت میں سنا کر ایک اہم ضرورت اور اہم فرض کو سرانجام دیا، جب دیش کی سیاسی حالت دگرگوں ہو چکی تھی۔ کوئی کسی کا پرسان حال نہیں تھا۔ لودھی خاندان کی حکومت کا سنگھاسن ڈول رہا تھا۔ بابر کی فوجوں کے حملہ سے ملک میں ایک ابتری سی پھیل گئی تھی۔ امین آباد میں خون کی ندیاں بہہ رہی تھیں۔ گورونانک دیو جی نے اس ظلم کے خلاف نہ صرف آواز بلند کی بلکہ آپ خود بھی امین آباد پہنچے۔ ظلم کے خلاف احتجاج کرتے ہوئے پیار و محبت کے پیغام کو سب کے سامنے رکھا۔ حاکمِ وقت نے آپ کو گرفتار کر کے جیل کی سلاخوں کے پیچھے بند کر دیا۔ لیکن جب آپ رہا ہوئے تو آپ نے اپنے خیالات کو پرچار پہلے سے بھی زیادہ زور و شور کے ساتھ شروع کر دیا اور بیشتر مسلمان بھی آپ کے پیغام پر اعتماد لے آئے۔ آپ نے فرمایا:

نہ کوئی بیری نہ ہی بیگانہ

گورونانک دیو جی کا یہ پیغام ایک ایسا پیغام تھا جس میں فرقہ پرستی کا شائبہ تک نہیں تھا۔ آپ کے ساتھ بالا اور مردانہ بھی رہا کرتے تھے۔ "بالا" ہندو تھا اور "مردانہ" مسلمان۔ تینوں کا اکٹھے رہنا ہی اتحاد کی ایک بہترین مثال تھی۔

گورونانک دیو جی جہاں بھی گئے، اس جگہ اس ماحول کا لباس اختیار کر لیا۔ آپ وہاں کی زبان کو سمجھنے اور دوسروں کو اسی زبان میں سمجھانے کی پوری پوری کوشش کرتے۔

آپ ایک اچھے شاعر بھی تھے۔ آپ اپنے خیالات کو روحانی رنگ میں نظم کی شکل دیتے اور مردانہ اس پیغام کو راگ میں ڈھال کر بربط کے تاروں کے ساتھ گا کر سنا دیتا۔ اس طرح آپ کے پیغام کو غور سے سنا جاتا۔ اس پیغام کو لوگوں تک پہنچانے کے لیے جگہ جگہ جماعتیں بن گئیں۔ ٹیلی فون، اخبارات اور دوسرے ذرائع نہ ہونے کے باوجود آپ کے خیالات ہر گھر تک پہنچ گئے۔

گورو نانک دیو جی نے "اک اونکار" یعنی ایک خدا کا پرچار بھی کیا۔ ایسا کر کے آپ نے تنگ نظری اور خود غرضی کے تحت بنائے گئے غلط قانون، اور غلط قاعدوں کے تحت اپنے ڈھونگ کے مطابق پرچار کرنے والوں کے فریب کا پردہ چاک کر دیا۔

گورو نانک جہاں بھی جاتے وہاں کے مہاپرش، وِدوانوں، پنڈتوں، مولویوں اور دوسرے صاحبِ علم لوگوں سے مل کر تبادلۂ خیال کرتے۔ اس طرح آپ نے علم کا ایسا خزانہ حاصل کیا اور راستی کا ایسا راستہ ڈھونڈ لیا جس راستہ پر چل کر ہی آج ہندوستان ترقی کر سکتا ہے۔ آج بھی دیش میں نفرت کا پرچار زوروں پر ہے۔ تلخی، ترشی، لڑائی جھگڑے اپنا دامن پھیلا رہے ہیں۔ ہندوستان کے اندر اور باہر انتشار پسند طاقتیں مضبوط ہو رہی ہیں، آج بھی ضرورت ہے کہ اپنی راگنی گانے والے ابن الوقت رہنما، عوام کو لڑانے کی بجائے گورو نانک دیو جی کے بتائے ہوئے راستہ کو اپنائیں۔

گورو نانک دیو جی کے پیغام میں زندگی کا ایسا راز ہے جس کو پا لینے سے دنیا بھر کے مسائل حل ہو سکتے ہیں۔ گورو نانک مذہبی پیشوا ہی نہیں، ایک عظیم شخصیت کے مالک بھی تھے۔ ان کی یاد آتے ہی سر عقیدت کے ساتھ جھک جاتا ہے۔ اس لیے ضرورت ہے اس بات کی کہ ہم گورو نانک دیو جی کے پیغام کو ذہن نشین کریں اور دوسروں کو بھی اس پیغام پر عمل کرنے کی تلقین کریں۔ کیونکہ

شکتی بھی شانتی بھی بھگتوں کے گیت میں ہے
دھرتی کے باسیوں کی مکتی پریت میں ہے

ماخوذ از کتاب:

ذکرِ نانک (اردو نظموں میں گرونانک کو خراج عقیدت)۔ مرتب: اندرجیت گاندھی۔

سن اشاعت: اگست ۱۹۶۹

* * *

سروجنی نائیڈو: ریاست حیدرآباد کا ایک دمکتا ستارہ
نصیر الدین ہاشمی

بلبل دکن مسز سروجنی نائیڈو کی شخصیت کسی تعارف کی محتاج نہیں ہے۔ آپ کی زندگی کے مختصر حالات حسب ذیل ہیں۔

مسز سروجنی نائیڈو کے والد ڈاکٹر اگھور ناتھ چٹوپادیائے بنگال کے باشندے تھے۔ نواب مختار الملک اول کے زمانہ میں (1877ء) حیدرآباد آئے، حیدرآباد کالج کے پرنسپل بنے، اس کے بعد نظام کالج میں پروفیسر کیمیا کی حیثیت سے برسوں سرکاری خدمت پر مامور رہے۔ ڈاکٹر صاحب کو حیدرآباد کی ترقی سے خاص دلچسپی تھی۔ آج سے پچاس سال پہلے (1894ء) کی ہر علمی تحریک میں ڈاکٹر صاحب کا عملی حصہ ہوتا تھا۔ حیدرآباد میں مدرسہ نسواں کے قیام کے وہ بانی تھے۔

1879ء میں مسز سروجنی نائیڈو کی ولادت حیدرآباد میں ہوئی۔ اور ابتدائی تعلیم و تربیت بھی یہاں ہی ہوئی۔ اس کے بعد یورپ گئیں اور مدینۃ العلم آکسفورڈ میں شریک ہوئیں، اسی مقام سے آپ کی شاعری کا آغاز ہوا۔ 1898ء میں آپ کی شادی مدراس کے ڈاکٹر نائیڈو سے ہوئی۔ مسز سروجنی کا تعارف دو حیثیتوں سے کرایا جاسکتا ہے: ادیبہ اور سیاسی رہنما۔

جیسا کہ تذکرہ کیا گیا ہے، آپ کی شاعری کا آغاز انگلستان سے ہوا اور اس وقت

(۱۹۴۴ء) آپ ایک کہنہ مشق شاعرہ ہیں۔ اب تک آپ کی نظموں کے تین مجموعے شائع ہو چکے ہیں:

طلائی آستانہ[The Golden Threshold]

طائرِ وقت[The Bird of Time]

شکستہ پر[The Broken Wing]

ان نظموں کی خاص خصوصیت یہ ہے کہ ان کے ذریعے مشرقی خیالات، مشرقی جذبات کا مغربی لباس اور مغربی رنگ میں اظہار ہوتا ہے۔ کبھی آپ کے مغربی مے کدہ میں شیراز کی مے دوآتشہ جھلک دیتی ہے۔ آپ کی نظموں میں حب الوطنی، انسانی ہمدردی، شفقت مادری اور دورِ قومی کے ایسے ایسے انمول نگینے نظر آتے ہیں، جن کی درخشانی اور تابناکی دیکھنے والوں کو متعجب و متحیر کر دیتی ہے۔ ان نظموں میں ایک طرف موذن کی اذاں، پجاری کی بھجن کا ترانہ گایا گیا ہے تو دوسری طرف کہاروں کے گانے، پالکی بردار کے گیت، فقیر کی صدا، سنگترہ بیچنے والی کی آواز کو بھی لطیف اور پاکیزہ مضمون کی صورت میں بدل دیا ہے۔

شاعری کی طرح آپ کی نثر بھی فصاحت و بلاغت آمیز ہوتی ہے۔ اس کی روانی، رنگینی اور خیالات کی ندرت قابل داد ہوتی ہے۔

مسز سروجنی کو بحیثیت مقررہ پیش کرنا ضروری ہے۔ آپ نہ صرف ایک جادو بیان شاعرہ ہیں بلکہ فصیح و بلیغ مقررہ بھی ہیں۔ آپ تقریر نہیں کرتیں بلکہ روانی، تسلسل اور زورِ بیاں کا دریا بہا دیتی ہیں۔ الفاظ کی آمد، بیان کی سلاست، آواز کا ترنم ایک سیلاب ہوتا تھا، جو دلوں میں طوفان برپا کر دیتا ہے۔ انگریزی خطابت کے پورے گر آپ کو معلوم ہیں۔ آپ صرف حیدرآباد ہی کی نہیں بلکہ سارے ہندوستان کی ایسی خاتون ہیں جنہوں

نے امریکہ اور انگلستان میں تقریر کر کے اہل زبان سے اپنالوہا منوالیا ہے۔

اس بلبلِ دکن کی خوش نوئی اور جادو بیانی نے تحسین اور آفرین کے صدہا تمغے حاصل کیے ہیں۔ مسز سروجنی کی تقریر ایسی موثر ہوتی ہے کہ جو اصحاب انگریزی سے واقف نہیں ہوتے ان پر بھی آپ کی روانی اور اسلوب بیان کا خاص اثر ہوتا ہے۔ آپ کبھی کبھی اردو میں بھی تقریر کرتی ہیں جو دلچسپی میں انگریزی سے کم نہیں ہوتی۔

مسز سروجنی کی سیاسی خدمات اظہر من الشمس ہیں۔ آپ کل ہند کانگریس کی روح رواں ہیں، اس کی صدارت کر چکی ہیں، عرصہ دراز سے اس کی انتظامی کمیٹی کی رکن ہیں۔ کئی مرتبہ سیاسی قیدی کی حیثیت سے اسیر فرنگ ہو چکی ہیں۔ آپ کا مسلک یہ ہے کہ ہندو اور مسلم باہم اتفاق کریں اور اس اتحاد و اتفاق سے ہندوستان کی حکومت کی جائے۔

مسز سروجنی کو عورتوں کی سماجی اور معاشرتی ترقی سے بھی دلچسپی ہے، وہ نہ صرف عورتوں کو گھر کی چار دیواری کے اندر آزاد دیکھنے کی متمنی ہیں، بلکہ حکومت میں حصہ دار سیاست میں دخیل ہونے کی آرزو رکھتی ہیں اور اسی کی تکمیل کے لیے جدوجہد کرتی ہیں۔ آپ کو سیر و سیاحت، مہمان نوازی وغیرہ کا بڑا شوق ہے اور دنیا کی بڑی بڑی ہستیوں کی مہمان نوازی کا امتیاز حاصل ہے۔

ماخوذ از کتاب:

حیدرآباد کی نسوانی دنیا (مصنف: نصیر الدین ہاشمی، اشاعت: ۱۹۴۴)

***

مغل سلطنت کا عروج و زوال:

ہندوستانی ثقافت پر مغلوں کے اثرات

ڈاکٹر محمد مظفر الدین فاروقی

تیمور کی وفات کے بعد اس کی نسل میں کوئی ایسا باصلاحیت شخص پیدا نہیں ہوا جو تیمور کی عظیم الشان سلطنت کو بکھرنے سے بچا سکتا تھا۔ چنانچہ تیمور کے بعد وسط ایشیا میں تیموری شہزادے اور امرا نے چھوٹی چھوٹی ریاستیں قائم کرلیں اور خانہ جنگی میں مبتلا ہو گئے۔ انہیں میں ایک ریاست فرغانہ تھی جس کا حکمران عمر شیخ مرزا تھا۔ ہندوستان کی مغل سلطنت کا بانی بابر مرزا اسی عمر شیخ مرزا کا لڑکا تھا۔ بابر کا سلسلہ حسب و نسب باپ کی طرف سے تیمور اور ماں کی طرف سے چنگیز خان سے ملتا ہے۔ لہٰذا بابر کی رگوں میں تیمور اور چنگیز دونوں کا خون تھا۔ ۱۴۹۴ء میں عمر شیخ مرزا کا انتقال ہوا۔ اس وقت بابر کی عمر صرف ۱۲ سال تھی۔ شدید خانہ جنگی کے حالات میں نوعمر بابر کے لئے فرغانہ کی چھوٹی سی ریاست کی حفاظت کرنا قریب قریب ناممکن تھا۔

چنانچہ ۱۰ سال تک بابر خود کو اور اپنی ریاست کو بچانے کے لئے ہمسایہ ریاستوں کے حکمرانوں سے جنگ و جدل میں الجھا رہا۔ وسط ایشیا کے حالات سے مایوس ہو کر بابر نے افغانستان کا رخ کیا اور ۱۵۰۴ء میں کابل فتح کر کے وہاں ایک مضبوط حکومت قائم کرلی۔ اس وقت ہندوستان میں لودھی پٹھان حکومت کر رہے تھے۔ پنجاب کی خود مختار مسلم

ریاستوں اور لودھی حکمرانوں کے درمیان علاقائی تسلط کے لئے اکثر جھڑپیں ہوا کرتی تھیں۔ ملتان کے حاکم نے بابر مرزا کو ہندوستان پر حملہ کرنے کی دعوت دی۔ بابر ویسے بھی ہندوستان کے ان علاقوں پر جو تیمور فتح کرچکا تھا، اپنا حق سمجھتا تھا اور ان کو حاصل کرنے کے لئے اس نے ہندوستان پر کئے حملے کئے تھے۔ ملتان کے حاکم کی دعوت پر بابر نے ہندوستان پر آخری حملہ کیا اور ۱۵۲۶ء میں پانی پت کے میدان میں ابراہیم لودھی کو شکست دے کر آگرہ اور دہلی پر قبضہ کرلیا۔ پانی پت کی پہلی جنگ میں ابراہیم لودھی کی شکست سے اقتدار پٹھانوں کے ہاتھ سے نکل کر تیموری مغل خاندان میں منتقل ہوگیا۔

اگرچہ کہ پٹھانوں نے راجپوتوں کو شکست دے کر ہندوستان کا اقتدار چھین لیا تھا۔ لیکن سلطنت دہلی کے دور میں راجپوتانہ عملاً مختلف راجپوت خاندانوں کے تسلط ہی میں رہا۔ لودھی حکومت کے دور میں سلطنت دہلی سکڑ کر ایک علاقائی حکومت بن گئی تھی اور راجپوت دوبارہ ہندوستان کا اقتدار حاصل کرنے کا خواب دیکھ رہے تھے۔ لہٰذا بابر کے حملے کے وقت راجپوت ابراہیم لودھی کا ساتھ دے کر مشترکہ طاقت کے ساتھ بیرونی حملہ آور کا مقابلہ کرنے کے بجائے خاموش تماشائی بنے رہے۔ کیونکہ راجپوت سمجھتے تھے کہ بابر تیمور کی طرح لودھی حکومت کو تباہ و برباد کرکے واپس چلا جائے گا اور لودھیوں سے لڑ کر حکومت حاصل کرنے کے بجائے لودھی حکومت کے تباہ شدہ کھنڈر پر اپنی حکومت کی بنیاد رکھنا چاہتے تھے۔ لیکن بابرہ نے دہلی سلطنت کو ختم کرکے مغل سلطنت کی بنیاد رکھی تب راجپوتوں کی آنکھیں کھل گئیں اور وہ دہلی کی مرکزی حکومت کا اقتدار حاصل کرنے کے لئے حرکت میں آگئے۔

چتوڑ کے راجہ رانا سانگا کی قیادت میں راجپوتوں کی متحدہ فوج نے بابر کو ہندوستان سے نکال کر باہر کرنے کے لئے پیش قدمی کی۔ بہت سارے افغان سردار جو لودھی

خاندان کی تباہی کے بعد بابر کے جانی دشمن ہو گئے تھے وہ بھی راجپوتوں سے م،ل گئے۔ ۱۶/مارچ ۱۵۲۷ء کو بابر نے ۱۲ ہزار کی فوج کے ساتھ کنواہہ کے مقام پر راجپوتوں اور افغانوں کی دو لاکھ متحدہ فوج کا مقابلہ کیا اور انہیں شکست فاش دی۔ کنواہہ کی جنگ کے بعد بہت سارے شکست خوردہ افغان سردار بنگال کے حاکم نصرت شاہ کے پاس پہنچ گئے اور نصرت شاہ کی مدد سے انہوں نے بابر سے ایک بار پھر جنگ کی۔ ۶/مئی ۱۵۲۹ء کو بابر نے نصرت شاہ اور شکست خوردہ افغان سرداروں کی متحدہ فوج کو دریائے گھاگرا کے کنارے شکست دی۔ کنواہہ اور گھاگرا کی جنگ کے بعد مغل اقتدار کو چیلنج کرنے والا اور دہلی کی مرکزی حکومت کا کوئی دعویٰ دار باقی نہ رہا۔

مغل سلطنت کا عروج وزوال:

ہندوستان میں مغل حکومت ۳۱۵ سال تک رہی۔ پہلے ۱۸۱ سال بابر کی تخت نشینی (۱۵۲۶ء) سے لے کر اورنگ زیب کی وفات (۱۷۰۷ء) تک مغل سلطنت کے عروج کا زمانہ ہے۔ اگر ان ۱۸۱ سالوں میں سے ۱۵ سال جب اقتدار شیر شاہ سوری اور اس کے خاندان میں رہا (۱۵۴۰ء تا ۱۵۵۵ء) نکال دئے جائیں تو مغلیہ سلطنت کے عروج کا زمانہ ۱۶۶ سال کا ہوتا ہے۔ اس دوران نہایت عظیم صلاحیتوں کے چھ بادشاہ مغلیہ سلطنت کو نصیب ہوئے:

بابر (۱۵۲۶ء تا ۱۵۳۰ء)

ہمایوں (۱۵۳۰ء تا ۱۵۵۶ء)

اکبر ۱۵۵۶ء تا ۱۶۰۵ء)

جہانگیر (۱۶۰۵ء تا ۱۶۲۷ء)

شاہجہاں (۱۶۲۷ء تا ۱۶۵۷ء)

اورنگ زیب (۱۶۵۷ء تا ۱۷۰۷ء)

۱۷۰۷ء سے ۱۷۹۹ء یعنی ۸۲ سال کا دور مغلیہ سلطنت کا عہد زوال ہے۔ اس دور میں مغلوں کی فوجی قوت آپس کی خانہ جنگی میں تباہ ہوگئی۔ انگریزوں نے بنگال اور مدراس کی طرف سے ہندوستان کی سیاست میں دخل اندازی شروع کر دی تھی۔ لیکن دہلی کی مرکزی حکومت کا کوئی حقیقی دعوی دار ابھی پیدا نہیں ہوا تھا۔ ۱۷۹۹ء میں ٹیپو سلطان کی شہادت کے بعد ہندوستان کے سیاسی افق پر صرف مرہٹہ طاقت باقی رہ گئی تھی۔ جسے مختلف محاذوں پر شکست دے کر ایسٹ انڈیا کمپنی نے ۱۸۰۳ء تک اقتدار سے بے دخل کر دیا اور مرہٹہ سردار ایک ایک کرکے کمپنی بہادر کے حلقہ بگوش ہو گئے۔

مرہٹہ طاقت کو کچلنے کے بعد ایسٹ انڈیا کمپنی دہلی کی مرکزی حکومت کی دعوی دار بن کر ہندوستان کے سیاسی افق پر نمودار ہوئی۔ چنانچہ ۱۸۰۳ء میں جنرل لیک کی سرکردگی میں ایسٹ انڈیا کمپنی کی فوجیں علی گڑھ اور آگرہ پر قبضہ کرنے کے بعد دہلی میں داخل ہوئیں تو مغل شہنشاہ شاہ عالم بے بسی کے عالم میں ایک پھٹے ہوئے شامیانے کے نیچے انگریزوں کے استقبال کے لئے کھڑا ہوا تھا۔ جنرل لیک نے مغل شہنشاہ کو اپنی حفاظت میں لے کر اس کا وظیفہ مقرر کر دیا اور پھر برعظیم کا اقتدار اعلیٰ ایسٹ انڈیا کمپنی کے ہاتھ میں چلا گیا۔ ۱۷۹۹ء سے ۱۸۵۷ء کی پہلی جنگ آزادی یعنی ۵۸ سال تک مغل اقتدار برائے نام باقی رہا۔

اس دوران ایسٹ انڈیا کمپنی نہایت حکمت سے ہندوستانی عوام کو باور کراتی رہی کہ خلقت خدا کی ملک شہنشاہ کا اور حکومت کمپنی بہادر کی۔ یہ نعرہ انگریزوں نے اس لئے ایجاد کیا تھا کہ ہندوستانی عوام کیا ہندو، کیا مسلمان کی وفاداریاں مغل سلطنت سے اس درجہ مضبوطی سے وابستہ ہو چکی تھیں۔ کہ وہ مغل حاکم کے علاوہ کسی اور کی بادشاہت کا

تصور کر نہیں سکتے تھے۔ ۱۸۵۷ء کی جنگ آزادی می انگریزوں نے نہ صرف اپنی عکسری برتری کو منوالیا بلکہ سیاسی برتری بھی تسلیم کروالی اور تاج برطانیہ نے کمپنی کو بے دخل کرکے اقتدار پر قبضہ کرلیا اور آخری مغل شہنشانہ بہادر شاہ ظفر کو معزول کرکے ان پر بغاوت کا الزام لگا کر جلاوطن کر دیا۔ اب انگریزوں نے ایسٹ انڈیا کمپنی کے نعرہ کو بدل دیا اور کہنے لگے:

"ملک ملک معظم کا ور حکم انگریزوں کا۔"

ہندوستانی ثقافت پر مغلوں کے اثرات

بشمبھر ناتھ پانڈے صاحب فرماتے ہیں:

ترکوں نے آکر ہندوستان کو اس کی جڑوں تک ہلا دیا اور لوگوں کو جھنجھوڑ کر نئی امیدوں کے لئے جگا کر تیار کیا۔ اس تبدیلی نے بھارت کی سماجی بنیادوں کو ہی بدل دیا۔ آریوں کی آمد نے بھارت کی سماجی زندگی کو جس طرح جڑ سے ہلا دیا تھا۔ ترکوں کا حملہ اس سے تھوڑا ہی کم تھا۔ لیکن طوفان کے بعد سکون لازمی ہے اور زلزلے کے بعد تعمیر ضروری ہے۔ جب دو ندیوں کا سنگم ہوتا ہے تو دونون ندیوں کی دھارائیں گرجتی ہوئی ٹکراتی ہیں۔ لیکن فوراً ہی مل جل کر ایک دھارے میں بہنے لگ جاتی ہیں۔ اسی طرح ہندو مسلمان آپس میں ٹکرا کر محبت کے ایک انسانی سنگم میں ملے۔

دونوں مذاہب الگ الگ تھے، دونوں کے تہذیب و تمدن الگ الگ تھے۔ کلچر الگ الگ تھے لیکن آپس میں مل کر ان کے الگ الگ کلچروں نے متحدہ ہندوستانی کلچر کی شکل اختیار کرلی۔ کلچر کے اس نئے دھارے نے صنعت و حرفت، کلا اور سائنس، ادب اور شاعری، چتر کاری، مصوری اور بت گری کے چمن کو سرسبز کر دیا۔" (فخر الدین علی احمد میموریل لکچر ۱۹۸۶ء سے اقتباس) ہندوستان میں بابر کا داخلہ ویسا ہی تھا جیسا کہ ہن قبائل

کا یا افغانوں کا۔ ہن قبائل نے آریائی اقتدار (کشتری راج) کے کھنڈروں پر اپنے اقتدار کی بنیاد رکھی اور ہندوستانی بن کر ہندوستان کے چند محدود علاقوں پر حکومت کی۔ انہوں نے مذہبی یا سیاسی حوالے سے ہندو یا ہندوستانی قومیت کا کوئی تصور نہیں دیا۔ ان کے بعد مغل آئے، انہوں نے بھی افغان اقتدار کو ختم کر کے اپنی حکومت قائم کرلی۔

مغلوں نے بھی مذہبی یا سیاسی حوالے سے مسلم قومیت یا ہندوستانی قومیت کا کوئی تصور نہیں دیا۔ یہ اور بات ہے کہ مغل بادشاہ آہستہ آہستہ کر کے سارے ہندوستان کو ایک مرکز کے تحت لے آئے۔ سارے ہندوستان کا ایک مرکزی نظم و نسق کے تحت آجانا ہندوستانیوں کے لئے ایک نعمت سے کم نہیں تھا۔ اس ملک میں جو کئی مذاہب، کئی زبانوں، کئی کلچر اور مختلف تہذیبی و تمدنی، روایات کا گہوارہ تھا۔ پہلی بار ایک متحدہ ہندوستانی قومیت کے ابھرنے کے امکانات پیدا ہو گئے تھے۔ سارے ہندوستان کو ایک مرکز کے تحت لانے کے لئے اورنگ زیب نے دکن کی دو مسلم علاقائی حکومتوں کو ختم کیا اور مرہٹوں کی ابھرتی ہوئی طاقت کو کمزور کر کے ان کے توسیعی عزائم کو محدود کر دیا تھا۔

سلاطین دہلی کے دور میں ہندوستان نے جو ترقی کی تھی، وہ اس ذہن کی مرہون منت تھی جو باہر سے نئے خیالات اور علم و عمل کے نئے طرزلے کر ہندوستان میں داخل ہوا تھا۔ یہاں کے عوام میں بیداری پیدا کر کے ملک کی ترقی میں ان کا مددگار بن گیا تھا۔ عہد وسطی کے ہندوستان کا یہ امتیاز رہا ہے کہ مختلف مذاہب کا گہوارہ ہونے کے باوجود عوام کی اجتماعی زندگی مذہبی تعصب اور فرقہ وارانہ شورش اور رسہ کشی سے پاک رہی ہے۔ مغلوں کے آنے کے بعد صورت حال اور بہتر ہو گئی۔ کیونکہ مغلوں نے ہندوستان کو ایک مضبوط اور منصفانہ مرکزی نظم و نسق دیا اور قریب قریب تین صدیوں تک سیاسی استحکام برقرار رکھا۔ ڈاکٹر تاراچند صاحب لکھتے ہیں:

یہ وسیع مملکت اپنی شان اور چمک دمک، اپنی دولت اور کلچر کے لیے ایسی شہرت رکھتی تھی جس کی مثال اس زمانے میں نہ تھی۔ اس حکومت کا طرز اور نظم ونسق ایسا تھا جو ایک وسیع رقبہ پر امن اور قانون کا ضمانت دار تھا اور علم وفن کے نادر مواقع فراہم کرتا تھا۔ مغل تہذیب کی تاریخ میں اس کے کارنامے ایک درخشاں باب کی حیثیت رکھتے ہیں۔

مغل حکومت کی ان خصوصیات کی بنا پر سلاطین دہلی کے زمانے میں ملکی ترقی کی جو بنیاد پڑ چکی تھی، مغل دور میں اس کی رفتار غیر معمولی تیز ہوگئی اور مغل سلطنت کے قیام کے بعد پچاس سال کے اندر ہندوستان دنیا کا سب سے ترقی یافتہ ملک بن گیا۔ یہ کبھی ممکن نہ ہوتا اگر ہندوستان کے دو بڑے مذہبی طبقے، یعنی ہندو اور مسلمان، ملکی مذہب اور بیرونی مذہب کے جھگڑے میں پڑ جاتے اور اس بنیاد پر ایک دوسرے کے گلے کاٹ رہے ہوتے۔

ماخوذ از کتاب: ہندوستان کی جنگ آزادی میں مسلمانوں کا حصہ
تالیف: ڈاکٹر محمد مظفر الدین فاروقی

* * *

صوبہ مہاراشٹر کے قدیم مدارس

ڈاکٹر عبدالصمد ندوی

مہاراشٹر کے قدیم دینی ادارے:

مہاراشٹر کے قدیم مدارس کے سلسلے میں ایک عرب سیاح ابن بطوطہ کا بیان:

ابن بطوطہ (ولادت ۷۰۳ھ، وفات ۷۷۹ھ) کے بیان کے مطابق شہر ہونور جو ممبئی تھانے سے قریب ایک شہر ہے (یہ ایک خوبصورت شیر باغات سے گھرا ہوا، پانی کی فراوانی، زمین، زرخیز) یہ ایک کھاڑی میں واقع تھا۔ جس میں بیرونی جہازوں کی آمد رہتی تھی۔ شہر ہونور کے باشندے دیندار اور نیک بخت ہیں۔ یہاں کی عورتیں حافظ قرآن ہیں۔ یہاں تیرہ ۱۳ مکتب لڑکیوں کے اور ۲۳ تئیس لڑکوں کے ہیں۔ سوائے شہر کے یہ بات میں نے کہیں نہیں دیکھی۔ تحقیقات اسلام ص ۴۶ 1996

ماہم ممبئی کا مدرسہ

قطب کوکن حضرت مخدوم علی مہائمی (ولادت محرم ۷۷۶ ـ ۸۳۵ھ) کے زمانے میں ماہم میں ایک مدرسہ تھا جہاں حضرت مخدوم علیؒ مصرف درس و تدریس رہے۔ ان کے ایک شاگرد شیخ محمد سعید کوکنی کے بارے میں مولوی سید امام الدین گلشن آبادی نے اپنی کتاب تاریخ الاولیاء میں ذکر کیا ہے کہ ان سے سینکڑوں طالبان علم نے علم حاصل کیا اور یہ رتنا گیری میں مدفون ہیں۔ (لوک راجہ ستمبر اکتوبر ۲۰۰۹)

شہر ایلچ پور کے دینی مدارس:

محمد تغلق (۱۳۲۵ء۱۳۵۱ء کے زمانے میں صوبہ برار کی سلطنت قائم ہوئی جس کا صدر مقام ایلچ پور (موجودہ اچل پور) تھا جو تقریباً پانچ سو سال تک علاقۂ برابر کا دارالخلافہ (راجدھانی) رہا یہ شہر ہر دور میں علوم و فنون کا مرکز رہا اور بے شمار شاعر، صوفی، ادیب اس سرزمین نے جمع کر دئے تھے۔ اسی بنا پر اسے دارالسرور بلدۂ نور ایلچ پورے سے یاد کیا جاتا ہے۔

بہمنی سلطنت کے حکمران حسن گنگوہی (۱۳۴۷ء۱۳۵۸ء) نے ایلچ پور کا صوبیدار صفدر خان سیستائی کو بنایا تھا ۱۳۷۸ء میں یہاں سخت قحط پڑا تو اس نے غریبوں کے لئے لنگر خانے، یتیم خانے کھلوائے مدرسے قائم کئے اور طلبہ کے لئے وظائف مقرر کئے دیگر بہمنی سلطنت کے فرمانرواؤں نے بھی یہاں علم و ادب کو خوب فروغ دیا۔ مدرسے قائم کئے۔ اور تعلیمی معیار کو بلند رکھنے کے لئے جید علماء کا تقرر کیا جاتا تھا۔ فطیل خان نے یہاں عربی یونیورسٹی قائم کی تھی۔ (تاریخ کے جھروکے سے ص۱۲۹) شہر کے محلہ قلعہ میں ایک جامع مسجد ہے جسے محمد تغلق کے عہد میں عمیر کردہ ایک عمارت ہے جسے بھڑ کل (بر کل) کہا جاتا ہے۔ اس مسجد میں ایک دینی مدرسہ تھا اور یہ عمارت طلبہ کے ہاسٹل کے طور پر استعمال ہوتی تھی۔ (ص۳۷ لوک راجیہ)

بُرھان نظام شاہ کا شیعی مدرسہ احمد نگر میں:

برہان نظام شاہ ۱۵۰۹ء۱۵۵۲ء جس نے شیعہ مذہب قبول کیا تھا۔ شعیت کی ترویج اور اشاعت کے لئے اس نے مختلف طیرقہ اختیار کئے۔ ایک مدرسہ اثنا عشری قلعہ احمد نگر کے مقابل میں قائم کیا اور اسی کے متصل ایک لگر خانہ دوزدہ امام بھی تعمیر کیا اور ان کے مصارف کے لئے متعدد گاؤں وقف کئے۔ کہا جاتا ہے کہ ایک اور مدرسہ مدرسہ بغداد

کے نام سے بھی تعمیر کیا تھا۔

شہر اورنگ آباد کے قدیم دینی مدارس:

عہد عالمگیری میں شہر اورنگ آباد علوم و فنون کا مرکز رہا ہے۔ بڑے بڑے علماء و فضلاء، صوفیاء و شعراء یہاں آکر مقیم ہو گئے تھے۔ اورنگ زیبؒ خود بھی زبردست عالم دین تھے اس لئے علم پروری میں انہوں نے کوئی کسر اٹھا نہ رکھی۔ بڑے بڑے مدارس و مکاتب قائم کئے گئے۔ جگہ جگہ کتب خانے تھے۔ جس میں مختلف علوم و فنون کی کتابیں جمع تھیں۔ ہمہ وقت تشنگان علوم ان کتابوں سے استفادہ کرتے تھے۔ اس دور کے چند قبل ذکر مدارس یہ ہیں:

۱) مدرسہ قدریہ نوشاہ حمویؒ

۲) مدرسہ حضرت شاہ شریفؒ

۳) مدرسہ حضرت شاہ بابا مسافرؒ

۴) مدرسہ مقبرہ رابعہ درانی وغیرہ

ان مدارس میں دینی تعلیم کا بہترین انتظام تھا اور طلبہ کی رہائش کے لئے دارالاقامہ بھی تھے۔ اور کم از کم دو سو طلبہ یہاں مفت تعلیم پاتے تھے۔ (تاریخ اورنگ آباد ص ۱۳۵)

مدرسہ قادریہ حضرت شاہ نوری حمویؒ:

حضرت سید شاہ نور حمویؒ ادات حسینی ہیں۔ عبداللہ بن سید ابو العلاء کے فرزند ہیں۔ شہر خراسان کے قصبہ حمأت (بغداد) میں ہوئی آپا خاندانی سلسلہ بارہویں پشت حضرت عبدالقادر جیلانیؒ سے ملتا ہے۔ اورنگ زیبؒ کے زمانے میں آپ نے اورنگ آباد کا رخ کیا اور محلہ موچی پورہ میں مقیم ہو گئے۔ اور تقریباً ۲۵/برس تک درس و تدریس کے ساتھ

ساتھ اشد و ہدایت کا کام انجام دیا۔ اور ایک خلق کثیر نے آپ سے فیض حاصل کیا اور آپ کے حلقہ ارادت میں داخل ہونا اپنے لئے باعث سعادت سمجھا حافظ سید شہاب الدینؒ اور خود عالمگیرؒ کا شمار آپ کے خلفاء میں ہوتا ہے۔

مدرسہ قادریہ کے نام سے آپ کا ایک دینی مدرسہ تھا جس میں دو سو طلبہ قیام و طعام کی سہولت کے ساتھ علم یدن حاصل کرتے تھے۔ ارکان دولت و سلطنت سے جو کچھ آپ کو ملتا آپ ان طلباء کی ضروریات میں صرف کرتے تھے۔ دیانت خان نے آپ کے اس مدرسے کی بھرپور مدد کی۔ آپ کے خلفاء اس مدرسے میں درس دیا کرتے تھے۔ چند مشہور خلفاء کے نام یہ ہیں۔

۱) حضرت سید شہاب الدین (جو آپ کے بھانجے بھی تھے) ۲) حافظ محمد یوسف ۳) حافظ محمد عمر ۴) حافظ محمد یسین ۵) قاضی محمد مسعود ۶) محمد اکرام (الملقب بہ شیخ الاسلام ثانی) ۷) حافظ محمد اسماعیل ۸) سید سعد اللہ۔

حضرت شاہ نوری حمویؒ صاحب تصانیف کثیرہ ہیں جن میں زیادہ تر کتابیں سلوک و طریقت کے موضوع پر ہیں لیکن یہ کتابیں اب ناپید ا ہو چکی ہیں۔

مدرسہ محمد غیاث خان بہادر اورنگ آباد:

محمد غیاث خان بہادر (م ۱۱۴۸ھ / ۱۷۳۵ء) نظام الملک آصف جاہ کے معتمد و مشیر خاص تھے۔ مختلف عہدوں اور مناسب سے انہیں نوازا گیا اورنگ آباد میں محلہ مغل پورہ میں ایک شاندار مدرسہ اور خوبصورت باغ اس نے بنایا تھا۔ اس کا مزار اسی مدرسہ کے احاطے میں واقع ہے۔ (تاریخ اورنگ آباد)

مدرسہ پن چکی حضرت باباشاہ مسافرؒ:

پن چکی اورنگ آباد کے مشہور سیاحتی مقامات میں سے ایک ہے۔ دنیا بھر سے لوگ

اسے دیکھنے کے لئے آتے ہیں۔ در حقیقت یہاں ایک دینی درس گاہ تھی۔ جہاں دور دراز سے طالبان علوم حضرت باباشاہ مسافر پلنگ پوش سے قرآن تعلیمات حاصل کرنے آتے تھے۔ یہاں طلبہ کے لئے دارالاقامہ (ہاسٹل) بھی تھا۔ طلبہ کے لئے کھانے پینے کا انتظام بھی اسی عمارت میں تھا۔ اسی سبب آٹا پیسنے کے لئے یہاں ایک بڑی چکی لگائی گئی تھی جو پانی کی قوت سے چلتی تھی۔ اسی مناسبت سے اس تاریخی عمارت کا نام پن چکی رکھا گیا یہ پن چکی آج بھی بہترین حالت میں ہے اور سیاحوں کے لئے اسے چلاکر دکھایا جاتا ہے۔ عمارت کے باہر احاطے میں آبشار کے سائے میں طلبہ کو درس دیا کرتے تھے۔ (ص ۱۵ / ستمبر اکتوبر لوک راجیہ ۲۰۰۹ء) ۱۹۴۱ء میں اس پنچکی کے احاطے میں نادار طلبہ کے لئے ایک اقامت خانہ قائم کیا گیا تھا۔ جہاں ان کے خورد نوش کا بھی انتظام کیا گیا تھا۔ ۱۹۵۳ء میں یہ اقامت خانہ اورنگ آباد کی جامع مسجد کے تعمیر شدہ حضروں میں منتقل کیا گیا تھا۔ جامع مسجد کے حضروں میں اب ایک بہت بڑا دینی ادارہ جامعہ کاشف العلوم ہے۔

(تاریخ اورنگ آباد ص ۱۱۱)

***

کاشی کی خصوصیات زمانۂ قدیم میں

مفتی عبد السلام نعمانی مجددی

زمانہ قدیم سے کاشی ہندوؤں کا ایک مقدس تیرتھ گاہ رہا ہے اور ہندوستان کے ہر گوشے سے یاترا کرنے والے عقیدت مند کاشی سے فیضیاب ہوتے رہے ہیں۔ علوم باطنی کے ساتھ ساتھ علوم ظاہری بھی حاصل کرنے کے لیے دور دور سے طلبہ آتے تھے جن کے سیکھنے کے لیے سنسکرت کے بڑے بڑے مدرسے تھے۔

افسوس ہے کہ اب ہندوؤں کے پاس سے ان کے اس طرح کے عملی اور تاریخی صحیفے ضائع ہو چکے ہیں، جبکہ ویدوں کے اصلی نسخے تو پہلے ہی ضائع ہو چکے تھے۔ اس سلسلے میں ہمیں کاشی کا زمانہ قدیم تاریخی اعتبار سے تاریک نظر آتا ہے۔

تقریباً ایک ہزار سال پہلے عہد اسلامی میں جب مشہور سیاح ابوریحان البیرونی (متوفی ۱۰۴۸ھ) نے ہندوستان میں قدم رکھا تو کاشی کی عظمت کے قصے سنے اور اس نے یہاں سالہا سال قیام کرنے کے بعد مختلف علوم اور سنسکرت کو سیکھا۔ چنانچہ اس نے اس وقت یہاں کی زبان کے متعلق بھی لکھا ہے کہ:

"ہندی مخط بائیں طرف سے چلتا ہے اور مشہور خط کا نام سدھ ماترک ہے جو کشمیر کی طرف منسوب ہے اور یہی بنارس میں بھی جاری ہے۔"

یہ تو ابوریحان البیرونی کی شہادت ہے جس سے معلوم ہوا کہ بنارس آکر اس نے

سنسکرت کے متعلق بھی واقفیت حاصل کی۔ اب ذرا بنارس کی مذہبی عظمت کے سلسلے میں البیرونی کا یہ بیان ملاحظہ ہو:

"ہندوؤں میں متعدد مقامات ہیں جو مذہبی حیثیت سے واجب التعظیم ہیں۔ جیسے شہر بنارس، ان کے درویش وہاں جا کر مستقل سکونت اختیار کر لیتے ہیں، جس طرح کعبہ کے مجاورین مکہ میں۔ ان کی تمنا یہ ہوتی ہے کہ ان کی موت بنارس میں ہو، تاکہ مرنے کے بعد ان کی عاقبت اچھی ہو، لوگ کہتے ہیں کہ خون کرنے والا ہر جگہ پکڑا جائے گا اور اپنے جرم کی سزا پائے گا۔ لیکن اگر بنارس میں داخل ہو جائے گا تو وہاں اس کا گناہ معاف ہو جائے گا اور بخش دیا جائے گا۔ اس کا سبب یہ بیان کرتے ہیں کہ برہما کی صورت چار سر کی تھی، برہما اور شیو شنکر یعنی مہادیو کے درمیان کچھ بگاڑ پیدا ہو گیا، جس کی وجہ سے لڑائی ہو گئی جو اس قدر بڑھ گئی کہ برہما کا ایک سر اس سے اکھڑ کر جدا ہو گیا۔ اس وقت کا یہ دستور تھا کہ قاتل مقتول کے سر کو ہاتھ میں لے لیتا تھا اور اس کو مقتول کی رسوائی اور اپنی فتح کی علامت کے لیے پھراتا تھا، پس برہما کا سر مہادیو کے ہاتھ میں اس طرح آ گیا گویا اسے لگام دے دی گئی ہے اور وہ مہادیو جس شہر میں جاتا وہ سر اس کے ساتھ رہتا تھا یہاں تک کہ وہ بنارس پہنچا اور سر اس سے جدا ہو کر غائب ہو گیا۔ (باب:٦٦)

بنارس کے متعلق مولانا غلام علی آزاد بلگرامی (متوفی ١٧٨٦ء) اپنی کتاب "سبحۃ المرجان فی آثار ھند" میں تحریر فرماتے ہیں کہ:

"بنارس پورب کے شہروں میں سے ایک شہر اور وہ ہندوؤں کی عبادت گاہ ہے اور ان کے نزدیک مقدس مقامات میں شامل ہے، اس کی زیارت عمر میں ایک بار ان کے یہاں واجب ہے، اور ان کا یہ اعتقاد ہے کہ زمین کے جملہ دس حصے ہیں۔ جن میں سے ایک حصہ بنارس ہے اور علیحدہ یہ حصہ معنوی اعتبار سے باقی نو حصوں کے برابر ہے، اور

خدا نے اس کو ایک نیزے کی نوک پر پھیلا دیا ہے، جس کی صلیب کی طرح تین شاخیں ہیں اور تینوں مہادیو جی کا حق ہیں۔"

اکبر بادشاہ (متوفی ۱۶۰۵ء) کے دربار کا مشہور عالم اور مصنف ابوالفیض فیضی (حوالہ:۱) بھی بنارس آیا اور برہمن بچہ بن کر بنارس کے مشہور ودیالیہ [درسگاہ] میں داخل ہو گیا۔ اور چوں کہ حافظہ تیز تھا، ذہن صاف، فہم مناسب اور طبیعت درست تھی، اس لیے تھوڑے ہی عرصہ میں انتہائی تعلیم تک پہنچ گیا۔ تمام استاد اس کے عمدہ چال چلن اور اعلیٰ قابلیت کی وجہ سے نہایت محبت کرتے تھے۔ جب اس نے وطن جانے کے لیے اپنے شفیق استاد سے اجازت چاہی تو اس نے ایک ہفتہ کے لیے مزید ٹھہرالیا اور اپنے گھر میں مشورہ کر کے یہ ارادہ کر لیا کہ اپنی کنیا (لڑکی) سے شادی کر دے۔ جب فیضی سے کہا گیا تو اس نے صاف کہہ دیا کہ میں اس لڑکی کو ماں جائی بہن سمجھتا ہوں پھر یہ کہ میں خود مسلمان ہوں استاد یہ سن کر بت کی طرح کھڑا رہا، پھر ایک سرد آہ بھر کر کہا کہ تو نے تمام ہندو دھرم کے ساتھ جُل (دھوکا) کیا۔ مگر حق استادی کیا ہوگا؟

فیضی نے کہا کہ آپ کیا فرماتے ہیں؟ میں دل و جان سے آپ کی پدرانہ اور استاذانہ شفقت و عاطفت کا ممنون ہوں اور یہ میری استطاعت سے باہر ہے کہ میں آپ کے انعام واحسان کا حق ادا کر سکوں۔ استاد نے کہا: تاہم ایک عہد لینا چاہتا ہوں۔

فیضی نے کہا ارشاد فرمائیے۔ استاد نے کہا کہ: تو سنسکرت کی کتابوں کا ترجمہ کرے گا؟ کہا ہاں، استاد نے کہا کہ میں تم سے یہ عہد لینا چاہتا ہوں کہ 'گائیتری منتر' (حوالہ:۲) کا ترجمہ نہ کرنا۔ فیضی نے اس کا عہد کر لیا اور اپنے اس عہد پر تاعمر قائم رہا۔ چنانچہ اس فاضل نے اس منتر کو اسی طرح لکھ کر ترجمہ نہ کرنے کی یہی وجہ تحریر کر دی۔

بحوالہ:۱

یہ اپنے زمانے کے یکتائے روزگار جوانمرد عالم شیخ مبارک ناگوری (متوفی ۱۰۰۱ھ) کا بیٹا اور مختلف علوم و فنون کا ماہر تھا۔ شعر تفسیر، تاریخ، لغت، طب، خوشنویسی، انشا پردازی میں اس کوئی ثانی نہیں تھا۔ ابتدا میں اپنا تخلص فیضی رکھا پھر بعد میں اسے بدل کر فیاض کر دیا۔ ۹۷۴ھ میں اکبر بادشاہ کا درباری ہو کر 'ملک الشعراء' کا خطاب پایا۔ علم تفسیر میں 'سواطع الالہام' نامی مکمل قرآن کی تفیر لکھی جس کی خصوصیت یہ ہے کہ اس میں نقطہ والا کوئی حرف استعمال نہیں کیا ہے۔ اس کی قدردانی کے طور پر اکبر بادشاہ نے اس زمانے میں مبلغ دس ہزار روپے کا انعام دیا تھا۔ یہ کتاب آج بھی قدیم کتب خانوں میں موجود ہے۔ تصانیف میں فارسی زبان میں 'رامائن' کا منظوم ترجمہ بھی ہے۔ ۱۰/ صفر ۱۰۰۴ھ کو انتقال ہوا اور اکبر آباد میں مدفون ہوا۔ (تذکرہ علمائے ہند۔ ص:۴، ع ب نعمانی)

بحوالہ:۲

رگ وید کا ایک منظوم منتر جو مصیبت یا خوشی کے موقع پر سوالاکھ مرتبہ پڑھا جاتا ہے۔ (فرہنگ آصفیہ ۴/ ۱۲، ع ب نعمانی)

سید نظام الدین بلگرامی نے بھی علم سنسکرت حاصل کرنے کے لیے بنارس کا سفر کیا اور یہاں رہ کر اس علم کی تکمیل کی۔ اسی طرح چریاکوٹ کے ایک عالم قاضی غلام مخدوم چریاکوٹیؒ (متوفی ۱۲۰۵ھ) کے متعلق 'تذکرہ علمائے ہند' میں لکھا ہے کہ:

علوم مروجہ کی تکمیل کے بعد ان کے دل میں سنسکرت زبان سیکھنے کا خیال پیدا ہوا، یہاں تک کہ اس زبان کے حاصل کرنے میں ایک مکمل حصہ لیا اور بنارس جو نذکورہ زبان کا مرکز تھا، اس فن سنسکرت کے ماہرین کے درمیان کافی امتیاز پایا۔

(تذکرہ علمائے ہند فارسی، ص:۱۵۷)

تاریخی کتابوں میں مشہور ہیئت داں ابو معشر فلکی کے بھی بنارس میں آنے کا ذکر ملتا ہے جو صاحب تصانیف اور اپنے وقت میں علم النجوم کا بھی امام تھا۔ بنارس میں دس سال قیام کر کے علم ہیئت کا مطالعہ کیا۔ ۲۷۲ھ مطابق ۸۸۶ء میں وفات پائی۔

ماخوذ از کتاب: تاریخ آثارِ بنارس

مرتب: مولانا مفتی عبد السلام نعمانی مجددی (طبع پنجم: ۲۰۱۵ء)

***